JUMP Math 6.2

Cahier 6 Partie 2

Table des matières

jump math

MULTIPLYING POTENTIAL.

Table des matières

PARTIE 1
Les régularités et l'algèbre

Logique numérale

La mesure

Probabilité et traitement de données

Géométrie

PARTIE 2

Les régularités et l'algèbre

Logique numérale

La mesure

Probabilité et traitement de données

Géométrie

PA6-22: Les régularités avec des étapes croissantes et décroissantes – partie I

1. Écris le bon symbole (**+** ou **×**) dans le cercle afin que l'équation soit vraie.

   a) 5 (**+**) 2 = 7   b) 4 ◯ 1 = 4   c) 5 ◯ 3 = 8   d) 3 ◯ 5 = 15

   e) 9 ◯ 1 = 10   f) 8 ◯ 5 = 13   g) 2 ◯ 4 = 8   h) 8 ◯ 4 = 12

   i) 2 ◯ 4 = 8   j) 8 ◯ 1 = 9   k) 7 ◯ 3 = 10   l) 7 ◯ 1 = 7

2. Écris le bon symbole (**+**, **−**, ou **×**) dans le cercle afin que l'équation soit vraie.

   a) 7 ◯ 3 = 21   b) 2 ◯ 3 = 6   c) 3 ◯ 3 = 9   d) 7 ◯ 1 = 6

   e) 4 ◯ 4 = 8   f) 4 ◯ 4 = 16   g) 9 ◯ 3 = 6   h) 9 ◯ 3 = 12

   i) 9 ◯ 5 = 14   j) 8 ◯ 1 = 9   k) 9 ◯ 1 = 9   l) 3 ◯ 14 = 17

3. Continue les séquences suivantes en **multipliant** chaque terme par le nombre qui t'est donné.

   a) 3 (× 3) 9 , _____ , _____ , _____   b) 1 (× 3) 3 , _____ , _____ , _____

   c) 4 (× 2) 8 , _____ , _____ , _____   d) 1 (× 7) 7 , _____ , _____ , _____

4. Chaque terme des séquences ci-dessous provient de la **multiplication** du terme précédent par un nombre fixe. Trouve ce nombre et continue la séquence.

   a) 2 (×) 8 , 32 , _____ , _____   b) 3 (×) 6 , 12 , _____ , _____

   c) 1 (×) 5 , 25 , _____ , _____   d) 2 (×) 10 , 50 , _____ , _____

5. Chacune des séquences ci-dessous provient d'une **multiplication**, **addition**, ou d'une **soustraction**. Continue la séquence.

   a) 1 , 2 , 4 , _____ , _____   b) 5 , 8 , 11 , _____ , _____   c) 18 , 14 , 10 , _____ , _____

   d) 3 , 6 , 12 , _____ , _____   e) 14 , 18 , 22 , _____ , _____   f) 1 , 3 , 9 , _____ , _____

6. Écris une règle pour chaque séquence de la question 5.
   (La règle de la première séquence est : « Commence à 1, multiplie par 2. »)

Les régularités & l'algèbre 2

PA6-23: Les régularités avec des étapes croissantes et décroissantes – partie II

1. Dans les séquences ci-dessous, les étapes ou les écarts entre les nombres augmentent or diminuent. Peux-tu voir la régularité dans la façon que les étapes changent?

   Utilise la régularité pour continuer la séquence.

   a) 2 , 4 , 7 , 11 , ____ , ____

   b) 3 , 4 , 6 , 9 , 13 , ____ , ____

   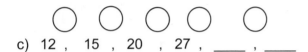

   c) 12 , 15 , 20 , 27 , ____ , ____

   d) 6 , 8 , 12 , 18 , 26 , ____ , ____

   e) 18 , 13 , 9 , 6 , ____ , ____

   f) 42 , 32 , 24 , 18 , ____ , ____

   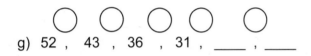

   g) 52 , 43 , 36 , 31 , ____ , ____

   h) 210 , 180 , 155 , 135 , 120 , ____ , ____

2. Complète le tableau en T pour la figure 3 et la figure 4. Utilise ensuite la régularité entre les étapes pour prédire le nombre de triangles pour les figures 5 et 6.

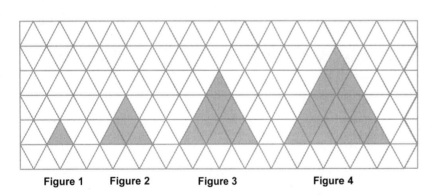

Figure 1   Figure 2   Figure 3   Figure 4

Figure	Nombre de triangles	
1	1	
2	4	
3		
4		
5		
6		

Écris le nombre de triangles ajoutés à chaque fois. ici

3. Fais un tableau en T pour prédire combien de blocs pour la la figure 6.

   INDICE : N'oublie pas de compter les blocs cachés.

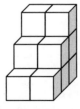

Figure 1   Figure 2   Figure 3

PA6-23: Les régularités avec des étapes croissantes et décroissantes – partie II *(suite)*

4. Dans chaque séquence ci-dessous, l'**étape** change de façon régulière (elle augmente, diminue, ou augmente et diminue). Écris une règle pour chaque régularité.

a) 2 , 4 , 8 , 14 , 22

   Règle : Commence à 2. Additionne 2, 4, 6 … (l'étape augmente par 2).

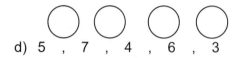

b) 7 , 11 , 9 , 13 , 11

   Règle : Commence à 7. Additionne 4, puis soustrais 2. Répète.

c) 2 , 3 , 5 , 8 , 12

   Règle : _____

d) 5 , 7 , 4 , 6 , 3

   Règle : _____

e) 34 , 33 , 30 , 25 , 18

   Règle : _____

5. Écris une règle pour chaque régularité.
   INDICE : Deux régularités sont créées en augmentant les étapes de façon régulière et en les multipliant.

   a) 2 , 5 , 10 , 17   b) 2 , 4 , 8 , 16   c) 1 , 3 , 9 , 27   d) 4 , 6 , 10 , 16

6. Écris le nombre de carrés ou de triangles dans chaque figure. Écris une règle pour la régularité.
   Utilise ta règle pour prédire le nombre de carres et triangles gris dans la 5ᵉ figure.
   INDICE : Essaie de compter par 3 pour compter le nombre de triangles de la dernière figure de b).

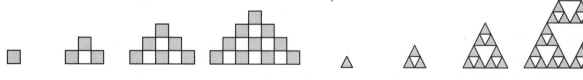

a)

Figure 1   Figure 2   Figure 3   Figure 4

b)

Figure 1   Figure 2   Figure 3   Figure 4

7. Fais une régularité avec des étapes qui augmentent et qui diminuent.

1. Les points montrent combien de personnes peuvent s'assoir le long de chaque côté d'une table.

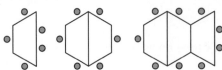

Nombre de tables	Nombre de personnes	

a) Fais un dessin pour montrer combien de personnes peuvent s'assoir autour de 4 puis 5 tables. Complète ensuite le tableau en T.

b) Décris la régularité pour le nombre de personnes. Comment les étapes changent-elles?

c) Continue la régularité pour trouver combien de personnes peuvent s'asseoir à 8 tables.

2. a) Les Grecs de l'Antiquité exploraient avec les nombres qui peuvent êtres placés en formes géométriques.

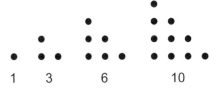

1   3   6   10

Tu peux voir les 4 premiers nombres **triangulaires** ci-contre.

   i)   Trouve le 5e et le 6e nombre triangulaire en faisant un dessin.

   ii) Décris la régularité chez les nombres triangulaires. Comment les étapes changent-elles?

   iii) Trouve le 8e nombre triangulaire en continuant la régularité que tu as trouvé à ii).

b) Répète les étapes i) à iii) avec les nombres **carrés.**

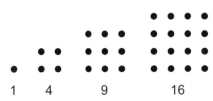

1   4   9   16

3. Une des séquences les plus célèbres en mathématiques est la **séquence de Fibonacci**, ci-dessous.

a) Trouve l'écart entre les termes et utilise ensuite cette régularité pour continuer la séquence.

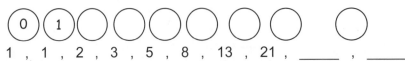

1 , 1 , 2 , 3 , 5 , 8 , 13 , 21 , _____ , _____

b) Quelle régularité vois-tu avec les nombres pairs et impairs de la séquence Fibonacci?

c) Additionne les 4 premiers nombres impairs de Fibonacci. Additionne ensuite les 2 premiers nombres pairs. Que remarques-tu?

d) Additionne les 6 premiers nombres impairs et les 3 premiers nombres pairs de Fibonacci. Que remarques-tu?

PA6-25: Créer et continuer les régularités

1. Continue chaque régularité pour les 3 prochains termes. Écris ensuite une règle pour la régularité.

a) 237 , 243 , 249 , 255 , 261 , _____ , _____ , _____

RÈGLE : _____

b) 6 , 10 , 7 , 11 , 8 , 12 , _____ , _____ , _____

RÈGLE : _____

c) 47 , 45 , 42 , 38 , _____ , _____ , _____

RÈGLE : _____

2. Utilise les lettres de l'alphabet pour continuer les régularités suivantes.

A B C D E F G H I J K L M N O P Q R S T U V W X Y Z

a) A , D , G , J , ____ , ____

b) A , E , J , P , ____

c) Z , X , V , T , ____ , ____

d) W , X , U , V , ____ , ____

e) A , C , F , J , O , ____

f) Z , Y , W , T , ____ , ____

g) A , A , B , A , B , C , ____ , ____ , ____ , ____

3. Fais ta propre régularité en utilisant les lettres de l'alphabet. Écris une règle pour ta régularité.

4. Écris les 5 premiers termes de chaque régularité.

a) Commence à 3. Multiplie par 3 à chaque fois.

b) Commence à 39. Ajoute 3 au 1er nombre, 5 au 2e nombre, 7 au 3e nombre et ainsi de suite.

c) Commence à 375. Soustrais 4 et additionne 3, répète.

d) Commence à 1. Multiplie par 2 et additionne 1 à chaque fois.

5. Fais une régularité pour chaque condition.

a) Les nombres augmentent et diminuent, puis augmentent et diminuent, ainsi de suite.

b) La régularité augmente en multipliant chaque terme par le même nombre.

6. Si A = 1, B = 2, C = 3, et ainsi de suite, quelle est la valeur de E × Y?

PA6-26: Les régularités avec des nombres plus grands

1. Utilise l'addition ou la multiplication pour compléter les tableaux suivants.

a)

Années	Semaines
1	52
2	
3	
4	

b)

Années	Jours
1	365
2	
3	

c)

Heures	Secondes
1	3600
2	
3	
4	

2. L'eau s'écoule de 2 réservoirs à un taux tel qu'indiqué dans le tableau ci-dessous. Décris la régularité parmi les nombres de chaque colonne. Quel réservoir se videra le plus rapidement?

Minutes	Réservoir 1	Réservoir 2
1	500 L	500 L
2	460 L	490 L
3	420 L	470 L
4	380 L	440 L

3. a) Combien d'essence restera-t-il dans l'avion après 25 minutes?

   b) A quelle distance de l'aéroport l'avion sera-t-elle après 30 minutes?

   c) Combien d'essence restera-t-il dans l'avion une fois arrivée à l'aéroport?

Minutes	Litres d'essence	km de l'aéroport
0	1200	525
5	1150	450
10	1100	375

4. 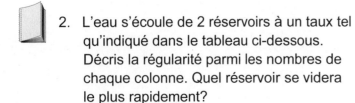 La comète de Halley passe près de la Terre à toutes les 76 années. On l'a vu la dernière fois en 1986.

   a) Combien de fois va-t-on voir la comète dans les années 2000?

   b) Quand la comète fut-elle vue pour la première fois dans les années 1900?

5. Utilise la multiplication pour trouver les premiers produits. Regarde la régularité.
   Utilise ensuite la régularité que tu as décrite pour compléter le reste des nombres.

a) $37 \times 3 =$ _____

     $37 \times 6 =$ _____

     $37 \times 9 =$ _____

     $37 \times 12 =$ _____

     _____ $=$ _____

b) $9 \times 2\,222 =$ _____

     $9 \times 3\,333 =$ _____

     $9 \times 4\,444 =$ _____

     $9 \times 5\,555 =$ _____

     _____ $=$ _____

6. Peux-tu, avec une calculatrice, découvrir des régularités comme à la question 5?

jump math
MULTIPLYING POTENTIAL.

Les régularités & l'algèbre 2

PA6-27: Les équations

1. Dans un problème écrit, une boite vide peut représenter une quantité inconnue.
   Trouve le nombre manquant dans chacun des problèmes suivants et écris-le dans la boite.

a)

Il y a 10 billes.

Il y en a 4 en dehors de la boite.

Combien y en a-t-il dedans?

$$10 = 4 + \boxed{}$$

b)

Il y a 9 billes.

Il y en a 6 en dehors de la boite.

Combien y en a-t-il dedans?

$$9 = 6 + \boxed{}$$

c)

Il y a 12 enfants dans une classe.

Il y a 7 filles.

Combien y-a-t-il de garçons?

$$12 = 7 + \boxed{}$$

d)

Une chatte a eu 7 chatons.

4 chatons sont des males.

Combien sont des femelles?

$$7 = 4 + \boxed{}$$

e)

Paul a des autocollants.

Il en donne 3.

Il en reste 4.

$$\boxed{} - 3 = 4$$

f)

Il y a 15 oranges dans une boite.

Combien y a-t-il d' oranges dans chaque boite?

Il y a 3 boites.

$$15 \div \boxed{} = 3$$

2. Trouve le nombre qui manque dans l' équation (devine et vérifie) et écris la réponse dans la boite.

a) $\boxed{} + 4 = 7$

b) $\boxed{} + 3 = 6$

c) $\boxed{} + 5 = 9$

d) $9 - \boxed{} = 6$

e) $17 - \boxed{} = 13$

f) $11 - \boxed{} = 9$

g) $2 \times \boxed{} = 6$

h) $5 \times \boxed{} = 15$

i) $3 \times \boxed{} = 9$

j) $\boxed{} \div 2 = 4$

k) $\boxed{} \div 5 = 3$

l) $\boxed{} \div 3 = 4$

m) $5 + 4 = 6 + \boxed{}$

n) $10 - 4 = \boxed{} + 5$

o) $\boxed{} + \boxed{} + 2 = 8$

3. Trouve deux réponses différentes pour chacune des équations suivantes:

$$\boxed{} + \boxed{} + \bigcirc = 5$$

$$\boxed{} + \boxed{} + \bigcirc = 5$$

4. Combien de réponses y a-t-il pour l'équation : $\boxed{} + \boxed{} + \bigcirc = 9$?

Les régularités & l'algèbre 2

PA6-28: Les équations (avancé)

1. Quel nombre la lettre représente-elle?

   a) $x + 3 = 9$

   $x =$ ☐

   b) $A - 3 = 5$

   $A =$ ☐

   c) $n + 5 = 11$

   $n =$ ☐

   d) $6x = 18$

   $x =$ ☐

   e) $y + 5 = 17$

   $y =$ ☐

   f) $3n = 15$

   $n =$ ☐

   g) $b \div 2 = 8$

   $b =$ ☐

   h) $4x = 20$

   $x =$ ☐

   i) $z - 2 = 23$

   $z =$ ☐

   j) $m - 2 = 25$

   $m =$ ☐

2. Quel nombre la boite ou la lettre « n » représente-elle? (devine et vérifie)

   a) $2 \times$ ☐ $+ 3 = 9$

   ☐ $=$ ☐

   b) $5 \times$ ☐ $- 2 = 8$

   ☐ $=$ ☐

   c) $3 \times$ ☐ $+ 5 = 14$

   ☐ $=$ ☐

   d) $2 \times$ ☐ $- 5 = 3$

   ☐ $=$ ☐

   e) $7 \times$ ☐ $+ 2 = 16$

   ☐ $=$ ☐

   f) $n + 5 = 4 + 10$

   $n =$ ☐

   g) $n - 2 = 12 - 4$

   $n =$ ☐

   h) $4n + 1 = 13$

   $n =$ ☐

   i) $5n + 2 = 27$

   $n =$ ☐

3. Trouve x.

   a) $x + x = 8$

   $x =$ _____

   b) $x + x + x = 12$

   $x =$ _____

   c) $x + x + x = 24$

   $x =$ _____

4. Trouve toutes les valeurs de a et b (ce sont des nombres entiers) et complète l'équation.

   a) $a + b = 6$

   b) $a \times b = 6$

   c) $6 - a = b$

5. Si $2a + 6 = 12$ et $2b + 6 = 14$, explique pourquoi b doit être plus grand que a.

6. Écris 3 différentes équations dont la solution est 5.

7.

A	A	A	12
A	B	B	14
A	B	C	10

La colonne grise montre le total de chaque rangée.

Par exemple, $A + A + A = 12$

Trouve A, B, et C.

Les régularités & l'algèbre 2

PA6-29: Les variables

Une **variable** est une lettre ou un symbole (comme **x**, **n**, ou **h**) qui représente un nombre.

Lorsque l'on multiplie un nombre et une variable, on élimine généralement le signe de multiplication.

> On écrit donc $3T$ pour $3 \times T$ et $5z$ pour $5 \times z$.

----

1. Écris une expression numérique pour la location d'un kayak …

   a) 2 heures : $\underline{5 \times 2 = 10}$ b) 4 heures : _____   c) 7 heures : _____

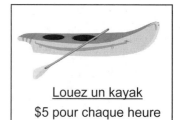

Louez un kayak
$5 pour chaque heure

2. Écris une expression pour la distance parcourue par une voiture…

   a) Vitesse : 70 km par heure   b) Vitesse : 40 km par heure   c) Vitesse : 100 km par heure

   Temps : 3 heures   Temps : 2 heures   Temps : h heures

   Distance : _____ km   Distance : _____ km   Distance : _____ km

3. Écris une expression algébrique pour le cout de la location d'un voilier pour …

   a) h heures : _____ ou _____   b) t heures : _____ ou _____

   c) x heures : _____ ou_____   d) n heures : _____ ou _____

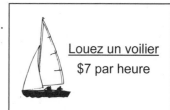

Louez un voilier
$7 par heure

4. Écris une équation qui te montre la relation entre les nombres de la colonne A et la colonne B.

a) A	B
1	5
2	6
3	7

b) A	B
1	3
2	6
3	9

c) A	B
1	8
2	9
3	10

d) A	B
1	5
2	10
3	15

e) A	B
1	8
2	16
3	24

   $\underline{A + 4 = B}$ $\underline{3 \times A = B}$ _____   _____   _____

5. Remplace la lettre x dans $x + 5 = 9$ avec toute autre lettre.
   La solution de l'équation est-elle toujours la même?
   Explique.

6. Écris une équation pour chaque problème. (Utilise une variable pour la valeur inconnue)

   a) Il y a 15 filles dans une classe de 28 étudiants. Combien y a-t-il de garçons ?

   b) Ramona a 48 timbres mais elle en donne. Elle en garde 24. Combien en a-t-elle donné?

PA6-30: Les énigmes algébriques

1. La balance A est parfaitement équilibrée. Dessine les cercles pour équilibrer la balance B.

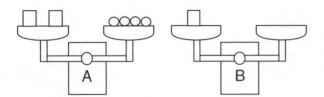

2. La balance A est parfaitement équilibrée. Dessi... les cercles pour équilibrer la balance B.

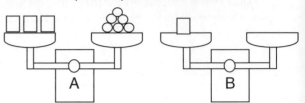

3. La balance A est parfaitement équilibrée. Dessine les triangles pour équilibrer la balance B.

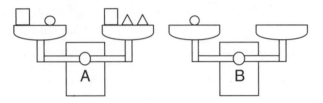

4. La balance A est parfaitement équilibrée. Dessi... les cercles pour équilibrer la balance B.

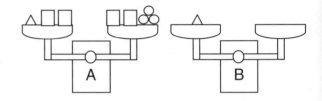

BONUS

5. Les balances A et B sont parfaitement équilibrées. Dessine les cercles pour équilibrer la balance C.

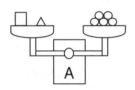 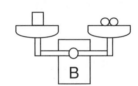 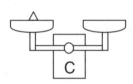

6. Les balances A et B sont parfaitement équilibrées. Dessine les cercles pour équilibrer la balance.

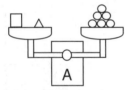 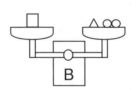 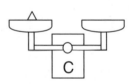

7. Trouve les chiffres qui manquent.

a)
```
    4 8
  + 1 □
  -----
    6 2
```

b)
```
    3 □
  + 2 7
  -----
    6 4
```

c)
```
    8 1
  - 3 □
  -----
    4 8
```

d)
```
    6 3
  - □ 9
  -----
    2 4
```

e)
```
    3 □
  ×   4
  -----
  1 2 8
```

f)
```
    5 □
  ×   3
  -----
  1 6 8
```

g)
```
    2 3
  ×   □
  -----
    9 2
```

h)
```
    8 3 4 5
  - 2 □ 7 □
  ---------
    □ 4 □ 7
```

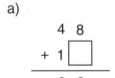

8. Explique comment tu as trouvé la réponse de la question 5.

jump math
MULTIPLYING POTENTIAL

Les régularités & l'algèbre 2

PA6-31: Les diagrammes

1. Pour chaque ensemble de points, fais une liste des couples et complète le tableau en T.

a)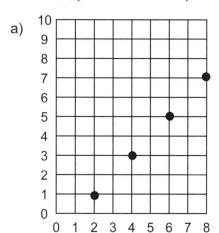

Couples	Premier nombre	Deuxième nombre
(2 , 1)	2	1
(,)		
(,)		
(,)		

b)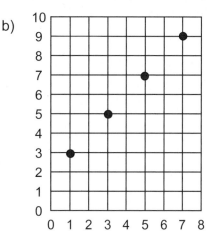

Couples	Premier nombre	Deuxième nombre
(,)		
(,)		
(,)		
(,)		

c)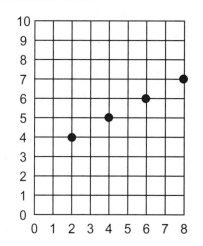

Couples	Premier nombre	Deuxième nombre
(,)		
(,)		
(,)		
(,)		

2. Fais 4 points sur chaque segment. Fais ensuite une liste des couples et complète le tableau en T.

a)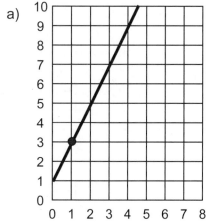

Couples	Premier nombre	Deuxième nombre
(1 , 3)	1	3
(,)		
(,)		
(,)		

b)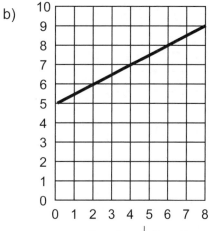

Couples	Premier nombre	Deuxième nombre
(,)		
(,)		
(,)		
(,)		

c)

Couples	Premier nombre	Deuxième nombre
(,)		
(,)		
(,)		
(,)		

Les régularités & l'algèbre 2

3. Fais une liste des couples selon l'information du tableau en T. Place les couples dans le diagramme et relie les points pour former une ligne.

Premier nombre	Deuxième nombre
3	1
4	3
5	5
6	7

(,)
(,)
(,)
(,)

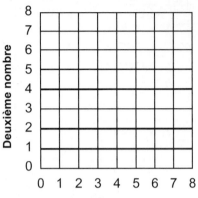

4. Fais un diagramme pour chaque tableau en T (comme à la question 1).
   NOTE : Fais bien attention à l'échelle de d).

a)

Entrée	Sortie
2	5
4	6
6	7
8	8

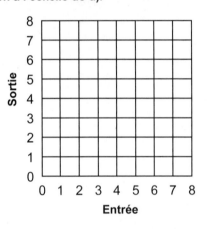

b)

Entrée	Sortie
1	7
2	6
3	5
4	4

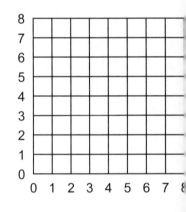

BONUS

c)

Entrée	Sortie
2	4
4	8
6	12
8	16

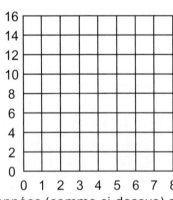

d)

Entrée	Sortie
1	6
3	8
5	10
7	12

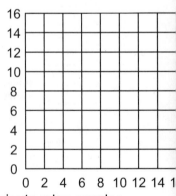

5. Fais une grille de coordonnées (comme ci-dessus) sur du papier quadrillé et ajoute-y les couples suivants : (1 , 2), (3 , 5), (5 , 8), et (7 , 11).

6. Sur du papier quadrillé, fais un tableau en T et un diagramme pour les règles suivantes.

   a) Multiplie par 2 et soustrais 1

   b) Multiplie par 4 et soustrais 3

   c) Divise par 2 et additionne 3

7. Fais un Tableau en T pour chaque ensemble de points sur la grille de coordonnées.
   Écris une règle pour chaque tableau en T qui dit comment calculer la sortie à partir de l'entrée.
   (Consulte les règles de la question 6.)

Diag. A

Entrée	Sortie

Diag. B

Entrée	Sortie

Diag. C

Entrée	Sortie

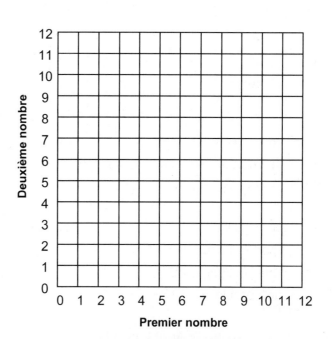

Règle pour le tableau en T A :

_____

Règle pour le tableau en T B :

_____

Règle pour le tableau en T C :

_____

8. Fais <u>4</u> points qui font une ligne droite dans la grille de coordonnées. Fais ensuite un tableau en T.

Premier nombre	Deuxième nombre

Réponds aux questions suivantes dans ton cahier de notes.

1.

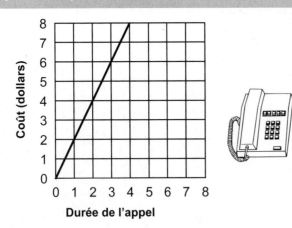

Le diagramme montre le cout d'appels interurbains.

a) Combien payes-tu si tu parles pendant 2 minutes?

b) Combien coûte un appel d'une minute?

c) Combien payes-tu si tu parles pendant 10 minutes?

d) Si tu payes 6 dollars, pendant combien de temps peux-tu parler?

e) Combien payes-tu si tu parles pendant 30 secondes?

2.

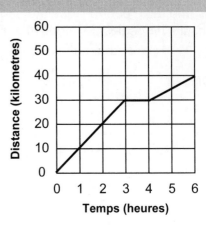

Le diagramme montre la distance que Kathy a parcourue en vélo.

a) Quelle distance Kathy parcoure-t-elle en 2 heures?

b) Quelle distance Kathy parcoure-t-elle en 6 heures??

c) Kathy s'est-elle arrêtée pendant? Comment l⟨ sais-tu

d) Kathy se déplaçait-elle toujours à la même vitesse?

3.

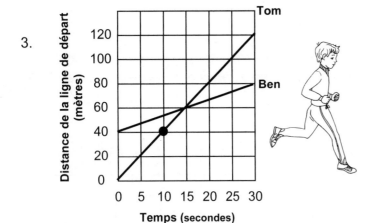

Ben et Tom font une course de 120 m.

a) A quelle distance du départ Tom est-il après 10 secondes?

b) À quelle distance du départ Ben est-il après 15 secondes?

c) Qui a gagné la course? Par combien?

d) Quelle longueur d'avance Ben avait-il au départ?

e) Après combien de secondes du départ Tom a-t-il dépassé Ben?

4.

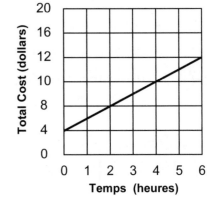

Le diagramme montre le cout de location d'un vé⟨ au magasin de Mike.

a) Combien coute la location d'un vélo pour:

i) 2 heures?   ii) 4 heures?   iii) 3 heures⟨

b) Combien dois-tu payer pour le vélo avant mê⟨ de l'avoir utilisé?

c) La magasin de Dave charge 3,50 $ de l'heur⟨ pour un vélo. De quel magasin louerais-tu un⟨ vélo pour 3 heures? Explique.

PA6-33: Concepts dans les tableaux en T (avancé)

Réponds aux questions suivantes dans ton cahier de notes.

1. Pour chaque tableau en T ci-dessous, écris la règle qui dit :
   - comment change l'entrée,
   - comment change la sortie et
   - quelle est la relation entre l'entrée et la sortie.

Exemple :
   - Les nombres dans la colonne d'entrée augmentent par 1 à chaque fois.
   - Les nombres dans la colonne de sortie augmentent par 3 à chaque fois.
   - Multiplie l'entrée par 3 et additionne 2 pour obtenir la sortie.

ENTRÉE	SORTIE
1	5
2	8
3	11
4	14

a)
ENTRÉE	SORTIE
1	6
2	9
3	12

b)
ENTRÉE	SORTIE
1	21
2	22
3	23

c)
ENTRÉE	SORTIE
1	6
2	10
3	14

d)
ENTRÉE	SORTIE
1	7
2	14
3	21

e)
ENTRÉE	2,5	3,0	4,0	5,5	7,5	10,0	13,0
SORTIE	5	6	8	11	15	20	26

f)
ENTRÉE	1	2	3	4	5	6	7
SORTIE	1	4	9	16	25	36	49

g)
ENTRÉE	1	2	3	4	5	6	7
SORTIE	2,1	4,2	6,3	8,4	10,5	12,6	14,7

2. Ce tableau le nombre de kilomètres que Karen peut courir en 15 minutes.

   Complète le tableau.

   NOTE : Suppose qu'elle continue de courir au même rythme.

Distance	Temps (secondes)	Temps (minutes)	Temps (heures)
2,3 km		15	$\frac{1}{4}$
4,6 km			

PA6-34: Prédire les régularités

Enquête

Figure 1

Il y a huit points dans la figure 1.

Chaque paire de points est attachée par un segment (●——●).

Comment peux-tu trouver combien il y a de segments sans compter chaque ligne?

Un mathématicien utiliserait moins de points et puis une régularité pour faire une prédiction.

1. Pour chaque ensemble de points ci-dessous, utilise une règle pour relier chaque paire de points avec une ligne droite. Écris le nombre de lignes dans l'espace donné.

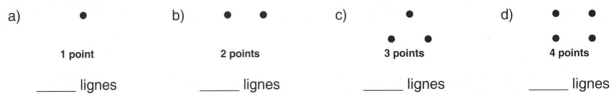

a)

1 point

_____ lignes

b)

2 points

_____ lignes

c)

3 points

_____ lignes

d)

4 points

_____ lignes

ENSEIGNANT : Soyez certain que chaque élève ait bien répondu a la question 1 avant de continuer.

2. Écris les nombres que tu as trouvés à la question 1 au-dessus de la bonne lettre (a, b, c or d). Trouve les écarts entre les nombres et écris tes réponses dans les cercles.

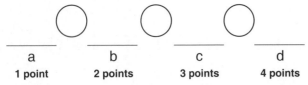

a
1 point

b
2 points

c
3 points

d
4 points

3. Prédis les écarts et les nombres dans la séquence. Écris tes prédictions ci-dessous.

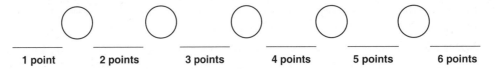

1 point 2 points 3 points 4 points 5 points 6 points

4. Vérifie tes prédictions en reliant les points de chaque figure.

Avais-tu raison?

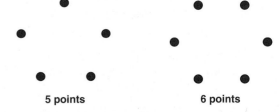

5 points 6 points

5. a) Utilise la règle que tu as découverte pour calculer le nombre de segments dans la figure 1.

_____

b) Si tu relies chaque paire de points dans un ensemble de dix points, combien de lignes auras-tu?

_____

Réponds aux questions suivantes dans ton cahier de notes.

1. Le dessin ci-dessous montre combien de chaises il peut y avoir à chaque table.

   a) Fais un tableau en T et écris une règle qui montre la relation entre le nombre de tables et le nombre de chaises.

   b) Combien de chaise peut-il y avoir à 12 tables?

2. Andy a 10 $ dans son compte de banque.
   Il épargne 25 dollars à chaque mois.
   Combien aura-t-il dans son compte après 10 mois?

3. Une recette demande 5 tasses de farine pour chaque 6 tasses d'eau. De combien de tasses d'eau as-tu besoin si tu as 25 tasses de farine?

4. Mercredi matin, Raymond est à 400 km de la maison.
   Il fait 65 km à vélo vers la maison à chaque jour.
   A quelle distance de la maison est-il samedi soir?

5. Chaque 6e personne qui arrive à une vente de livre reçoit un calendrier gratuit. Chaque 8e personne reçoit un livre gratuit.
   Laquelle des 50 premières personnes reçoit un livre et un calendrier?

6. Le panier d'Anna peut contenir 24 pommes et celui d'Emily, 30.
   Elles ont toutes deux ramassé moins que 150 pommes.
   Combien de paniers ont-elles ramassé si elles ont le même nombre de pommes?

7. a) Combien de carrés gris y a-t-il sur le périmètre de la 10e figure? Comment le sais-tu?

   b) Combien de carrés blancs y a-t-il dans une figure qui a un périmètre de 32 carrés gris?

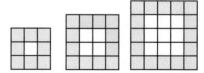

8. Gerome veut louer une patinoire pendant 6 heures. Quelle est la façon la plus économique de la louer:

   (i) payer 60 $ pour la première heure et 35 $ pour chaque heure suivante?

Ou (ii) payer 45 $ par heure?

jump math
MULTIPLYING POTENTIAL

Les régularités & l'algèbre 2

9. Quelle stratégie utiliserais-tu pour trouver la 72ᵉ forme de cette régularité? Quelle est la forme?

10. Paul a déneigé des trottoirs pendant 4 jours.

A chaque jour, il a déneigée 3 trottoirs de plus que le jour d'avant.

Il a déneigé 30 trottoirs en tout.

Combien de trottoirs a-t-il déneigée à chaque jour? **Devine et vérifie!**

11. Fais un tableau de 3 colonnes pour montrer :
    - le nombre d'arêtes sur le côté de la figure,
    - le nombre de petits triangles d'une figure,
    - le périmètre de la figure.

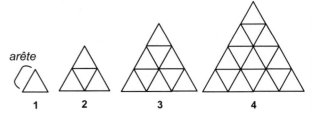

Décris la régularité de chaque colonne et toute relation entre les colonnes et le tableau.

12. Cette image montre les changement de température à différents niveaux d'une montagne.

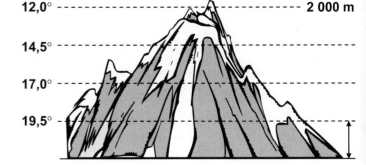

a) Est- ce que la température augmente ou diminue aux niveaux plus élevés?

b) Quelle distance la flèche représente-elle dans la vraie vie?

c) Mesure la longueur de la flèche. Quelle est l'échelle de l'image?

_____ cm = _____ m

d) Les nombres dans la séquence de températures diminuent-ils de la même quantité à chaque fois?

e) Si la régularité dans la température continue, quelle serait la température à :

(i) 3000 m?   (ii) 4000 m?

13. Marlene dit qu'elle a besoin de 27 blocs pour faire la figure 7.
    A-t-elle raison? Explique.

Figure 1

Figure 2

Figure 3

Les fractions représentent des parties égales d'un entier.

Cette tarte est coupée en 4 parties égales.
3 parties sur 4 sont ombragées.
$\frac{3}{4}$ de la tarte est ombragé.

Le **numérateur** (3) indique combien de parties sont comptées.

$\frac{3}{4}$

Le **dénominateur** (4) indique combien de parties il y a dans un entier.

---

1. Nomme les fractions suivantes.

a)   b)   c) 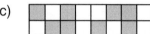   d)

2. Utilise une **règle** pour diviser chaque boite en parties égales.

a) 3 parties égales

b) 10 parties égales

3. En utilisant une **règle**, identifie la fraction de la partie ombragée dans chaque boite.

a)

_____ est ombragé.

b)

_____ est ombragé.

4. En utilisant une règle, complète chacune des figures suivantes afin d'en faire un entier.

a)   b)   c)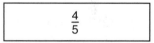

5. Tu as $\frac{5}{8}$ d'une tarte.

a) Que signifie la partie inférieure (dénominateur) d'une fraction?

b) Que signifie la partie supérieure (numérateur) d'une fraction?

6. Dans ton cahier, explique pourquoi chaque image représente $\frac{1}{4}$ ou non.

a)   b)   c)   d)

7.

Fais 3 grille de 4 × 4 sur du papier quadrillé.
Montre trois différentes façons de colorier la moitié de la grille.

INDICE : L'image illustrée montre une des 3 façons.

Les fractions peuvent identifier les parties d'un ensemble : $\frac{3}{5}$ des figures sont des pentagones, $\frac{1}{5}$ sont des carrés et $\frac{1}{5}$ sont des cercles.

----

1. Complète les énoncés suivants.

a)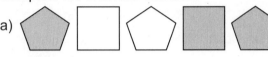

_____ des figures sont des pentagones.

_____ des figures sont ombragées.

b)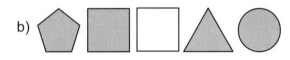

_____ des figures sont carrés.

_____ des figures sont ombragées.

2. Complète les énoncés suivants.

a) $\frac{4}{7}$ des figures sont _____

b) $\frac{2}{7}$ des figures sont _____

c) $\frac{1}{7}$ des figures sont _____

d) $\frac{5}{7}$ des figures sont _____

3. Décris cette illustration de deux différentes façons en utilisant la fraction $\frac{3}{5}$.

4. Une équipe de hockey gagne 6 parties, en perd 4, et en annule une.
   Quelle fraction des parties l'équipe a-t-elle...

   a) gagné? _____   b) perdu? _____   c) annulé? _____

5. Une boite contient 2 billes bleues, 3 billes rouges, et 4 billes jaunes.

   Quelle fraction des billes **n'est pas** bleue? _____

6. Ce tableau montre le nombre d'enfants dans une classe ainsi que la couleur de leurs cheveux.

Couleur de cheveux	Noirs	Bruns	Roux	Blonds
Nombre d'enfants	5	5	1	3

Quelle fraction des enfants dans la classe ont les cheveux …

a) roux?   b) noirs?   c) blonds?   d) bruns?

7. Il y a 23 enfants dans une classe.
    Chaque enfant fait un projet de science à propos des animaux
    ou des plantes. Le tableau montre qui a choisi quel sujet.

a) Ajoute les nombres qui manquent dans le tableau.

b) Quelle fraction des enfants a choisi d'étudier les …

   animaux?   plantes?

c) Quelle fraction des filles a choisi d'étudier les …

   animaux?   plantes?

	Animaux	Plantes
Garçons	7	4
Filles		
Enfants	12	

8. Quelle fraction des **carrés** est à l'**extérieur** de la figure? _____

9. Écris une **fraction** pour chacun des énoncés suivants.

a) [ ] des figures sont des pentagones.   b) [ ] des figures ont 4 sommets.

c) [ ] des figures ont exactement 2 angles droits.   d) [ ] des figures ont exactement 1 paire de côtés parallèles

10. Écris deux énoncés de fractions pour les figures de la question 9. Justifie ta réponse.

1.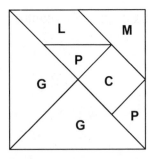

Dans un tangram ...

- 2 petits triangles (**P**) recouvrent un triangle moyen (**M**)
- 2 petits triangles (**P**) recouvrent un carré (**C**)
- 2 petits triangles (**P**) recouvrent un parallélogramme (**L**)
- 4 petits triangles (**P**) recouvrent un grand triangle (**G**)

Quelle fraction de chaque forme est recouverte par <u>un seul</u> petit triangle?

a)    b) 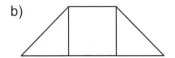   c)

d) 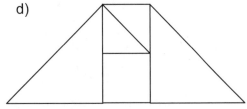   e) 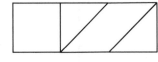   f)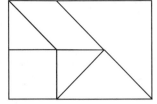

 2. Quelle fraction de chaque forme est ombragée? Explique comment tu le sais.

a)    b) 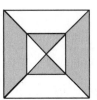   c)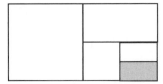

3. Quelle fraction du trapézoïde est couverte par <u>un seul</u> petit triangle? Montre ton travail.

4. Si ▣ = rouge et ░ = bleu, environ quelle fraction de chaque drapeau est en rouge? Explique.

a) 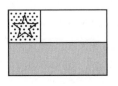   b) 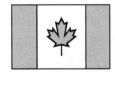   c) 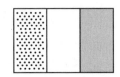   d)

CHILI   CANADA   FRANCE   SUISSE

NS6-57: Additionner et soustraire des fractions

1. Imagine que tu déplaces les morceaux foncés des tartes A et B sur l'assiette de tarte C. Montre combien de morceaux de tarte il y aurait sur l'assiette C et écris une fraction pour la tarte C.

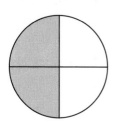 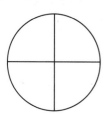

A   B   C

$$\frac{1}{4} \qquad + \qquad \frac{2}{4} \qquad = \qquad \underline{\qquad}$$

2. Imagine que tu verses le liquide des contenants A et B dans le contenant C.
Colorie la quantité de liquide qu'il y aurait dans C.
Complète ensuite les énoncés d'addition.

a)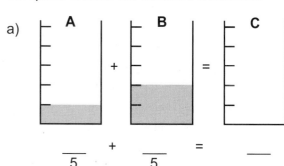

$$\underline{\quad}{5} \quad + \quad \underline{\quad}{5} \quad = \quad \underline{\quad}$$

b)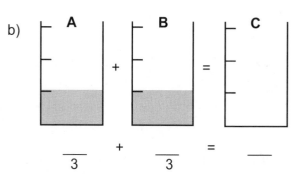

$$\underline{\quad}{3} \quad + \quad \underline{\quad}{3} \quad = \quad \underline{\quad}$$

3. Additionne.

a) $\frac{3}{5} + \frac{1}{5} =$ b) $\frac{2}{4} + \frac{1}{4} =$ c) $\frac{3}{7} + \frac{2}{7} =$ d) $\frac{5}{8} + \frac{2}{8} =$

e) $\frac{3}{11} + \frac{7}{11} =$ f) $\frac{5}{17} + \frac{9}{17} =$ g) $\frac{11}{24} + \frac{10}{24} =$ h) $\frac{18}{57} + \frac{13}{57} =$

4. Montre quelle fraction de tarte il reste si tu enlèves la quantité montrée. Complete l'énoncé.

a)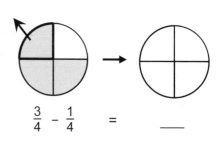

$$\frac{3}{4} - \frac{1}{4} \quad = \quad \underline{\qquad}$$

b)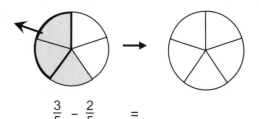

$$\frac{3}{5} - \frac{2}{5} \quad = \quad \underline{\qquad}$$

5. Soustrais

a) $\frac{2}{3} - \frac{1}{3} =$ b) $\frac{3}{5} - \frac{2}{5} =$ c) $\frac{6}{7} - \frac{3}{7} =$ d) $\frac{5}{8} - \frac{2}{8} =$

e) $\frac{9}{12} - \frac{2}{12} =$ f) $\frac{6}{19} - \frac{4}{19} =$ g) $\frac{9}{28} - \frac{3}{28} =$ h) $\frac{17}{57} - \frac{12}{57} =$

1.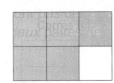

Quelle fraction a le plus grand numérateur, $\frac{2}{6}$ ou $\frac{5}{6}$?_____

Quelle fraction est la plus grande? _____

Explique ta pensee :_____

_____

2. Encercle la plus grande fraction de chaque paire.

a) $\frac{5}{17}$ ou $\frac{11}{17}$ b) $\frac{3}{17}$ ou $\frac{4}{17}$ c) $\frac{11}{25}$ ou $\frac{6}{25}$ d) $\frac{57}{115}$ ou $\frac{43}{115}$

3. Deux fractions ont le même <u>dénominateur</u> (en bas) mais différents <u>numérateurs</u> (en haut). Comment peux-tu savoir quelle fraction est la plus grande?

_____

4. Écris les fractions en ordre de grandeur, de la plus petite à la plus grande.

a) $\frac{4}{5}$, $\frac{1}{5}$, $\frac{3}{5}$ b) $\frac{9}{10}$, $\frac{2}{10}$, $\frac{1}{10}$, $\frac{5}{10}$

5. Encercle la plus grande fraction de chaque paire.

a) $\frac{1}{7}$ or $\frac{1}{6}$ b) $\frac{8}{8}$ or $\frac{8}{9}$ c) $\frac{7}{300}$ or $\frac{7}{200}$

6. Une fraction A et une fraction B ont le même <u>numérateur</u> (en haut) mais un <u>dénominateur</u> différent (en bas). Comment sais-tu quelle fraction est la plus grande?

_____

8. Écris les fractions en ordre de grandeur, de la plus petite à la plus grande.

a) $\frac{1}{9}$, $\frac{1}{4}$, $\frac{1}{17}$ b) $\frac{2}{11}$, $\frac{2}{5}$, $\frac{2}{7}$, $\frac{2}{16}$

8. Encercle la plus grande fraction de chaque paire.

a) $\frac{2}{3}$ or $\frac{2}{9}$ b) $\frac{7}{17}$ or $\frac{11}{17}$ c) $\frac{6}{288}$ or $\frac{6}{18}$

9. Quelle fraction est la plus grande, $\frac{1}{2}$ ou $\frac{1}{100}$? Explique pourquoi.

10. Est-il possible que $\frac{2}{3}$ d'une tarte soit plus grand que $\frac{3}{4}$ d'une autre tarte? Illustre avec une image.

NS6-59: Les nombres fractionnaires

William et Jessie mangent trois tartes et trois quarts en tout (ou $3\frac{3}{4}$ de tartes).

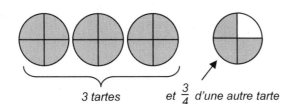

3 tartes   et $\frac{3}{4}$ d'une autre tarte

NOTE: $3\frac{3}{4}$ est un **nombre fractionnaire** parce qu'il contient un nombre entier et une fraction d'un autre nombre entier.

----

1. Écris combien de tartes <u>entières</u> sont ombragées.

a)   b)   c)

___2___ tartes entières   _____ tartes entières   _____ tartes entières

2. Écris chaque fraction sous forme de <u>nombre fractionnaire</u>.

a)  ____   b) ____   c) 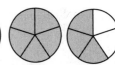 ____

d) 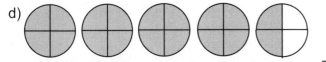 ____   e)   ____

f)  ____   g)  ____

3. Colorie la bonne quantité de tarte.
    NOTE : Il y a peut-être plus de tarte que tu en a besoin.

a) $2\frac{2}{3}$

b) $3\frac{1}{4}$

c) $1\frac{3}{4}$

d) $2\frac{4}{5}$

4. Dessine.   a) $2\frac{1}{4}$ de tartes   b) $3\frac{2}{3}$ de tartes   c) $1\frac{1}{5}$ de tartes   d) $3\frac{1}{6}$ de tartes

5. Quelle fraction représente le plus de tarte, $3\frac{2}{3}$ ou $4\frac{1}{4}$?   6. $5\frac{3}{4}$ est-il plus près de 5 ou de 6?

Huan-Yue et ses amies mangent **9** pointes (un quart) de pizza.

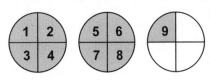

$$\frac{9}{4} \quad = \quad 2\frac{1}{4}$$

↑ fraction impropre   ↖ Nombre fractionnaire

En tout, elles ont mangé $\frac{9}{4}$ de pizzas.

Quand le numérateur d'une fraction est plus grand que le dénominateur, une fraction représente *plus qu'un entier*. Ces fractions sont des **fractions impropres**.

----

1. Écris les fractions suivantes sous forme de fractions <u>impropre</u>.

a)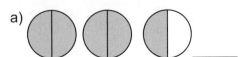

b)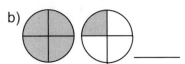

c)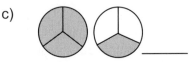

d)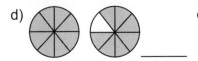

e)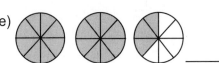

f)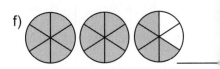

g)

h)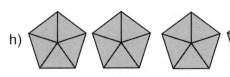

2. Colorie un morceau à la fois jusqu'à ce que tu aies colorié la bonne quantité de tartes.

a) $\frac{5}{2}$

b) $\frac{9}{4}$

c) $\frac{10}{3}$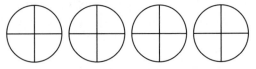

d) $\frac{8}{4}$

3. Dessine. a) $\frac{9}{4}$ de tartes b) $\frac{7}{3}$ de tartes c) $\frac{9}{2}$ de tartes d) $\frac{7}{6}$ de tartes

4. Quelle fraction représente le plus de tarte? $\frac{7}{4}$ ou $\frac{9}{4}$? Comment le sais-tu?

5. Quelles fractions représentent plus qu'un entier? Comment le sais-tu? a) $\frac{5}{7}$ b) $\frac{9}{8}$ c) $\frac{13}{11}$

1. Écris ces fractions sous forme de <u>nombres fractionnaires</u> et sous forme de fractions <u>impropres</u>.

a)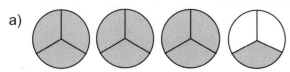

b)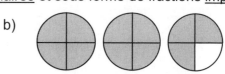

c)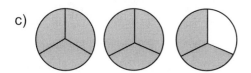

d)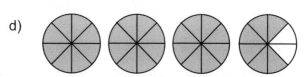

e)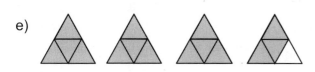

f)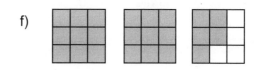

2. Colorie la bonne quantité de tarte. Écris ensuite une fraction <u>impropre</u> pour la quantité coloriée.

a) $3\frac{1}{2}$

fraction <u>impropre</u> : _____

b) $3\frac{3}{4}$

fraction <u>impropre</u> : _____

4. Colorie la bonne quantité de tarte. Écris ensuite un <u>nombre fractionnaire</u> pour la quantité coloriée.

a) $\frac{7}{3}$

nombre fractionnaire : _____

b) $\frac{19}{6}$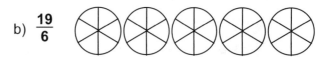

nombre fractionnaire : _____

c) $\frac{13}{4}$

nombre fractionnaire : _____

d) $\frac{13}{5}$

nombre fractionnaire : _____

e) $\frac{25}{8}$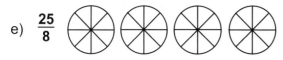

nombre fractionnaire : _____

f) $\frac{19}{4}$

nombre fractionnaire : _____

4. Fais un dessiner pour trouver quelle fraction est la plus grande.

a) $2\frac{1}{2}$ ou $\frac{3}{2}$ 　　　　　 b) $2\frac{4}{5}$ ou $\frac{12}{5}$ 　　　　　 c) $\frac{15}{8}$ ou $\frac{7}{3}$

5. Comment peux-tu utiliser la division pour trouver combien de tartes entières il y a dans $\frac{11}{3}$?

Il y a 4 morceaux d'un quart dans 1 tarte.

 Il y a 8 (2 × 4) quarts dans 2 tartes.

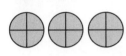 Il y a 12 (3 × 4) quarts dans 3 tartes.

Combien de quarts y a-t-il dans $3\frac{3}{4}$ tartes?

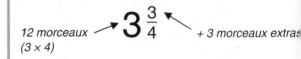

12 morceaux → $3\frac{3}{4}$ ← *+ 3 morceaux extras*
(3 × 4)

Alors, il y a 15 morceaux d'un quart en tout

---

1. Trouve le nombre de **demies** dans chaque quantité.

   a) 1 tarte = _____ demies

   b) 2 tartes = _____ demies

   c) 4 tartes = _____ demies

   d) $3\frac{1}{2}$ de tartes =_____ demies

   e) $4\frac{1}{2}$ de tartes = _____ demies

   f) $5\frac{1}{2}$ tartes = _____

2. Trouve le nombre de **tiers** dans chaque quantité

   a) 1 tarte = _____ tiers

   b) 2 tartes = _____ tiers

   c) 4 tartes = _____ tiers

   d) $1\frac{1}{3}$ tartes = _____ tiers

   e) $2\frac{2}{3}$ tartes = _____

   f) $5\frac{2}{3}$ tartes = _____

3. Une boite contient 4 cannettes.

   a) 2 boites= _____ cannettes

   b) $2\frac{1}{4}$ boites=_____ cannettes

   c) $3\frac{3}{4}$ boites= _____cannettes

4. Une boite contient 6 cannettes.

   a) $2\frac{1}{6}$ boites= _____cannettes

   b) $2\frac{5}{6}$ boites= _____cannettes

   c) $3\frac{1}{6}$ boites= _____cannettes

5. Écris les nombres fractionnaires suivants sous forme de fractions impropre.

   a) $2\frac{1}{3} = \dfrac{}{3}$

   b) $5\frac{1}{2} = \dfrac{}{2}$

   c) $4\frac{2}{3} = \dfrac{}{3}$

   d) $6\frac{1}{4} = \dfrac{}{4}$

6. Il y a 6 enveloppes dans un paquet.
   Alice utilise $2\frac{5}{6}$ du paquet.
   Combien d'enveloppes a-t-elle utilisé? _____

   6. Il y a 8 cartes de baseball par paquet. Combien de cartes y a-t-il dans $3\frac{1}{2}$ paquets? _____

8. Maia et ses amies mangent $2\frac{3}{4}$ pizzas. Combien de morceaux d'un quart ont-elles mangées?_____

9.

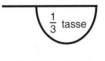

   A $\frac{1}{3}$ tasse

   B $\frac{1}{6}$ tasse

   Cindy a besoin de $2\frac{2}{3}$ tasses de farine.

   a) Combien de tasses A a-t-elle besoin? _____

   b) Combien de tasses B a-t-elle besoin? _____

Logique numérale 2

NS6-63: Les nombres fractionnaires et les fractions impropres
(avancé)

Combien de tartes entières y a-t-il dans $\frac{13}{4}$ tartes?

Il y a 13 quarts de tartes en tout et chaque tarte a 4 morceaux.
Tu peux donc trouver le nombre de tartes entières en divisant 13 par 4 :   **13 ÷ 4 = 3 reste 1**

Il y a 3 tartes entières et il reste un quart, donc : $\frac{13}{4} = 3\frac{1}{4}$

- -

1. Trouve le nombre de tartes entières dans chaque quantité en divisant.

   a) $\frac{4}{2}$ tartes = ___tartes entières   b) $\frac{6}{2}$ tartes = ___tartes entières   c) $\frac{12}{2}$ tartes = ___tartes entières

   d) $\frac{6}{3}$ tartes = ___tartes entières   e) $\frac{15}{3}$ tartes = ___tartes entières   f) $\frac{8}{4}$ tartes ___tartes entières

2. Trouve le nombre de tartes entières et de morceaux qui restent dans chaque quantité en divisant.

   a) $\frac{5}{2}$ tartes = ___2___ tartes entières et ___1___ demie = ___$2\frac{1}{2}$___ tartes

   b) $\frac{11}{3}$ tartes = _____ tartes entières et _____ tiers = _____ tartes

   c) $\frac{10}{3}$ tartes = _____ tartes entières et _____ tiers = _____ tartes

   d) $\frac{9}{2}$ tartes = _____ tartes entières et _____ demies = _____ tartes

3. Écris les fractions impropres sous forme de nombres fractionnaires.

   a) $\frac{3}{2}$ =   b) $\frac{9}{2}$ =   c) $\frac{8}{3}$ =   d) $\frac{15}{4}$ =   e) $\frac{22}{5}$ =

4. Écris un nombre fractionnaire et une fraction impropre pour le nombre de litres suivant.

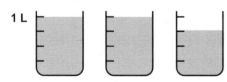

5. Écris un nombre fractionnaire et une fraction impropre pour la longueur de cette corde.

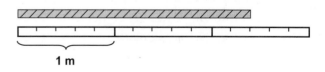

6. Quelle est la plus grande : $\frac{7}{3}$ ou $\frac{5}{2}$? Pourquoi?   7. Entre quels deux nombres $\frac{7}{4}$ se situe-t-il?

8. De combien les fractions suivantes sont-elles plus grande qu'un entier … a) $\frac{10}{7}$?   b) $\frac{6}{5}$?

   c) $\frac{4}{3}$?   d) $\frac{11}{10}$?

NS6-64: Explorer les nombres fractionnaires et les fractions impropres

ENSEIGNANT:
Vos élèves auront besoin de blocs-forme ou d'une copie de la fiche des blocs-forme qui se trouve dans le Guide de l'enseignant pour compléter cet exercice,

NOTE : Les blocs ci-contre ne sont pas de grandeur réelle!

hexagone · triangle · rhombe · trapézoïde

La pâtisserie d'Euclid vend des tartes hexagonales. Elle vend des morceaux en forme de triangles, de rhombes et de trapézoïdes.

1. a) Colorie $2\frac{5}{6}$ tartes :  b) Combien de morceaux as-tu colorié? _____

   c) Écris un nombre fractionnaire et une fraction impropre pour la quantité de tarte colorié : _____

2. Fais un modèle des tartes ci-dessous aves des blocs-forme. Place les formes plus petites sur les hexagones et écris un nombre fractionnaire et une fraction impropre pour chaque tarte.

   a) 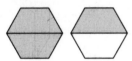 b) c)

   nombre fractionnaire :_____   nombre fractionnaire :_____   nombre fractionnaire :_____

   fraction impropre : _____   fraction impropre : _____   fraction impropre : _____

3. Utilise l'hexagone pour une tarte entière. Utilise les triangles, les rhombes et les trapézoïdes pour les morceaux et fais un modèle des fractions avec des blocs. Dessine ensuite ton modèle ci-dessous.

   a) $2\frac{1}{2}$ 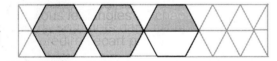 b) $3\frac{1}{2}$

   c) $2\frac{5}{6}$  d) $2\frac{2}{3}$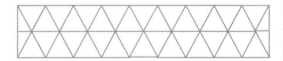

4. Utilise l'hexagone pour une tarte entière et les plus petits blocs pour les morceaux et fais un modèle des fractions avec les blocs. Dessine ensuite ton modèle ci-dessous.

   a) $\frac{5}{2}$ 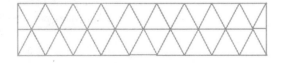 b) $\frac{13}{6}$

   c) $\frac{7}{3}$ 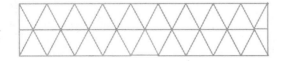 d) $\frac{14}{3}$

NS6-64: Explorer les nombres fractionnaires et les fractions impropres *(suite)*

5. Utilise l'hexagone pour une tarte entière. Utilise les triangles, les rhombes et les trapézoïdes pour les morceaux. Fais un modèle des fractions avec des blocs. Dessine ensuite ton modèle ci-dessous.

a) $\frac{5}{3}$

b) $\frac{7}{3}$

c) $1\frac{2}{3}$

d) $2\frac{1}{3}$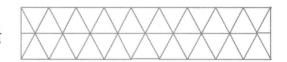

Fais des dessins (avec l'hexagone comme entier) pour répondre aux questions ci-dessous.

6. Quelle fraction est la plus grande : $2\frac{5}{6}$ ou $\frac{15}{6}$?

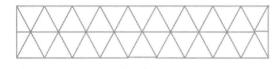

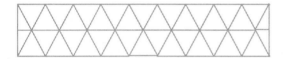

7. Quelle fraction est la plus grande : $3\frac{1}{3}$ ou $\frac{11}{3}$?

8. Illustre $2\frac{1}{6}$.

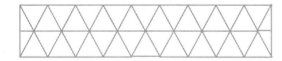

9. De combien $\frac{11}{6}$ est-il plus grand qu'une tarte entière?

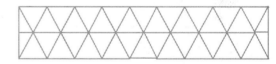

10. De combien $\frac{7}{3}$ est-il plus grand que 2 tartes?

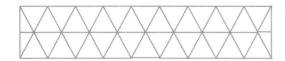

11. Ravi dit que $\frac{9}{6}$ tartes est la même quantité que $1\frac{1}{2}$ tartes. A-t-il raison?

12. Jane vend $1\frac{2}{3}$ tartes. Clara vend 11 morceaux. (Chaque morceau est $\frac{1}{6}$ de tarte). Qui a vendu le plus de morceaux?

13. Bernie a mangé $2\frac{2}{3}$ pizzas en juin. Combien de tiers a-t-il mangé?

Logique numérale 2

NS6-65: Les fractions équivalentes

Aidan colorie $\frac{2}{6}$ des carrés d'une matrice :

Il trace ensuite des lignes foncées autour des carrés faire 3 groupes égaux :

Il voit que $\frac{1}{3}$ des carrés sont coloriés.

Les illustrations montrent que deux sixièmes est égal à un tiers : $\frac{2}{6} = \frac{1}{3}$

Deux sixièmes et un tiers sont des **fractions équivalentes**.

----

1. Regroupe les carrés pour faire des fractions équivalentes.

   a)

   $\frac{6}{10} = \frac{}{5}$

   b)

   $\frac{4}{6} = \frac{}{3}$

   c)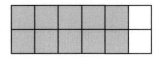

   $\frac{10}{12} = \frac{}{6}$

2. 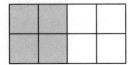   Écris trois fractions équivalentes pour la quantité ombragée ci-contre.

   _____   _____   _____

3. Regroupe les boutons pour faire des fractions équivalentes.

   a)

   $\frac{4}{6} = \frac{}{}$

   b)

   $\frac{3}{6} = \frac{}{}$

   c)

   $\frac{2}{6} = \frac{}{}$

   d)

   $\frac{6}{9} = \frac{}{}$

   e)

   $\frac{6}{10} = \frac{}{}$

4. Coupe chaque tarte en petits morceaux pour faire une fraction équivalente.

   a)

   $\frac{2}{3} = \frac{}{6}$

   b)

   $\frac{2}{3} = \frac{}{9}$

   c)

   $\frac{3}{4} = \frac{}{12}$

5. a) Fais des lignes pour couper les tartes en …

   4 morceaux   6 morceaux   8 morceaux

   b) Ajoute le numérateur des fractions équivalentes.

   $\frac{1}{2} = \frac{}{4} = \frac{}{6} = \frac{}{8}$

6. Dessine des cercles vides et des cercles coloriés (comme à la question 3).

   Regroupe les cercles qui montrent que…

   a) six huitièmes est équivalent à trois quarts

   b) quatre cinquièmes est équivalent à huit dixièm

NS6-66: Modèles de fractions équivalentes

Anne fait un modèle de $\frac{2}{5}$ avec 15 carrés, comme ceci :

En premier, elle fait un de $\frac{2}{5}$ des carrés blancs et des carrés coloriés (elle laisse de l'espace entre eux).

Étape 1 : ▨　　▨　　☐　　☐　　☐

$\frac{2}{5}$ des carrés sont coloriés. Elle ajoute ensuite un carré à la fois jusqu'à ce qu'elle obtenu 15 carrés.

Étape 2 : ▨▨　　▨▨　　☐☐　　☐☐　　☐☐

Étape 3 : ▨▨▨　　▨▨▨　　☐☐☐　　☐☐☐　　☐☐☐

Anne peut voir, dans son dessin, que $\frac{2}{5}$ d'une ensemble de 15 carrés est équivalent à $\frac{6}{15}$ de l'ensemble.

- -

1. Fais un modèle de $\frac{2}{3}$ avec 12 carrés.
   La question est déjà commencée pour toi.

   INDICE : Place les carrés d'extras, un à la fois, auprès de ceux qui sont déjà dessinés.

   ▨　　　　▨　　　　☐

2. Fais un modèle de $\frac{3}{5}$ avec 10 carrés.

   INDICE : Commence avec un modèle de $\frac{3}{5}$.

3. Fais un modèle de $\frac{3}{4}$ avec 8 carrés

4. $\frac{5}{6}$ d'une pizza contient des olives ⬤.

   $\frac{1}{3}$ d'une pizza contient des champignons ⬆.

   Chaque morceau a une garniture. Complete l'image.

   Combien de morceaux ont des olives **et** des champignons? _____

5. Si on coupe la boite C en 12 morceaux, combien doit-on en colorier pour obtenir une fraction équivalent à A et B?

   A　　　　　　　　　B　　　　　　　　　C

NS6-67: Les fractions des nombres entiers

Dan a 6 biscuits. Il veut donner $\frac{2}{3}$ de ses biscuits à ses amis.

Pour faire cela, il doit les repartir également dans 3 assiettes :

Il y a 3 groupes égaux, alors chaque groupe est $\frac{1}{3}$ de 6.

Il y a 2 biscuits dans chaque groupe, alors $\frac{1}{3}$ de 6 est 2.

Il y a 4 biscuits dans deux groupes, alors $\frac{2}{3}$ de 6 est 4.

$\frac{1}{3}$ de 6

$\frac{2}{3}$ de 6

---

1. Écris une fraction pour la quantité de points donnée. La première est déjà faite pour toi.

a)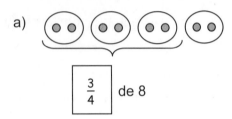

$\frac{3}{4}$ de 8

b)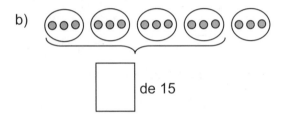

de 15

2. Ajoute les nombres qui manquent.

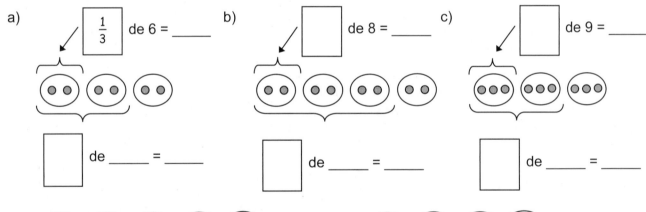

a) $\frac{1}{3}$ de 6 = _____

de _____ = _____

b) ____ de 8 = _____

de _____ = _____

c) ____ de 9 = _____

de _____ = _____

d)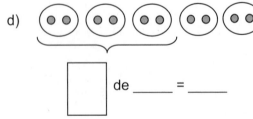

de _____ = _____

e)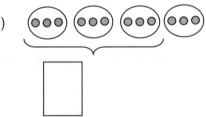

3. Fais un cercle pour montrer la quantité donnée. La première est déjà faite pour toi.

a) $\frac{2}{3}$ de 6

b) $\frac{3}{4}$ de 8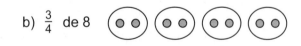

c) $\frac{3}{5}$ de 10

d) $\frac{3}{4}$ de 12

4. Dessine le bon nombre de points dans chaque cercle puis fais un plus grand cercle pour montrer la quantité donnée.

    a) $\frac{2}{3}$ de 12   ◯ ◯ ◯   b) $\frac{2}{3}$ de 9   ◯ ◯ ◯

5. Trouve une fraction du nombre entier en partageant les biscuits également.
    INDICE : Dessine le bon nombre d'assiettes puis ajoute un biscuit à la fois. Encercle la bonne quantité.

    a) Trouve $\frac{1}{4}$ de 8 biscuits.   b) Trouve $\frac{1}{2}$ de 10 biscuits.

        $\frac{1}{4}$ de 8 est _____ $\frac{1}{2}$ de 10 est _____

    c) Trouve $\frac{2}{3}$ de 6 biscuits.   d) Trouve $\frac{3}{4}$ de 12 biscuits.

        $\frac{2}{3}$ de 6 est _____ $\frac{3}{4}$ de 12 est _____

6. Andy trouve $\frac{2}{3}$ de 12 comme ceci :

    Étape 1   Il trouve $\frac{1}{3}$ de 12 en divisant 12 par 3 :

    12 ÷ 3 = 4 (4 est $\frac{1}{3}$ de 12)

    Étape 2   Il multiplie le résultat par 2 :

    4 × 2 = 8 (8 est $\frac{2}{3}$ de 12)

    Trouve les quantités suivantes en utilisant la méthode d'Andy.

    a) $\frac{2}{3}$ de 9   b) $\frac{3}{4}$ de 8   c) $\frac{2}{3}$ de 15   d) $\frac{2}{5}$ de 10

    _____   _____   _____   _____

    e) $\frac{3}{5}$ de 25   f) $\frac{2}{7}$ de 14   g) $\frac{1}{6}$ de 18   h) $\frac{1}{2}$ de 12

    _____   _____   _____   _____

    i) $\frac{3}{4}$ de 12   j) $\frac{2}{3}$ de 21   k) $\frac{3}{8}$ de 16   l) $\frac{3}{7}$ de 21

    _____   _____   _____   _____

jump math
MULTIPLYING POTENTIAL

Logique numérale 2

7. a) Colorie $\frac{2}{5}$ des boites.

    b) Colorie $\frac{2}{3}$ des boites.

    c) Colorie $\frac{3}{4}$ des boites..

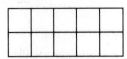  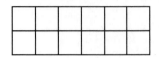

8. a) Colorie $\frac{1}{4}$ des boites. Fais des rayures dans $\frac{1}{6}$ des boites.

    b) Colorie $\frac{1}{3}$ des boites. Fais des rayures dans $\frac{1}{6}$ et des points $\frac{1}{8}$ des boites.

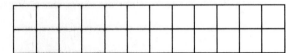 

9. Il y a 15 enfants dans un autobus. $\frac{3}{5}$ sont des filles. Combien y a-t-il de filles dans l'autobus?_____

10. Un kilogramme de litchis coûte 8 $. Combien coutent $\frac{3}{4}$ d'un kilogramme? _____

11. Gérald a 12 pommes. Il donne $\frac{3}{4}$ de ses pommes.

    a) Combien de pommes a-t-il donné? _____

    b) Combien en a-t-il gardé? _____

12.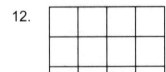

    Colorie $\frac{1}{3}$ des carrés.

    Fais des rayures dans $\frac{1}{6}$ des carrés.

    Combien y a-t-il de carrés blancs?

 13. Evelyn a 20 billes.
    $\frac{2}{5}$ sont bleues. $\frac{1}{4}$ sont jaunes. Le reste des billes sont vertes.
    Combien y a-t-il de billes vertes?

14. Ed commence à étudier à 9:10. Il étudie pendant $\frac{2}{3}$ d'une heure.
    A quelle heure arrête-t-il d'étudier?

15. Marion a 36 autocollants.
    Elle en garde $\frac{1}{6}$ et divise le reste également entre 5 amies.
    Combien d'autocollants donne-t-elle à chaque amie?

16. Qu'est-ce qui est plus long : 17 mois ou $1\frac{3}{4}$ année?

17. Linda a 12 pommes.
    Elle en donne $\frac{1}{4}$ à Nandita. Elle en donne 2 à Amy.
    Elle dit qu'il lui en reste la moitié. A-t-elle raison?

NS6-68: Réduire les fractions

Une fraction est réduite aux **moindres termes** quand le seul nombre qui peut la diviser est son numérateur et que son dénominateur est le nombre 1. $\frac{2}{4}$ *n'est pas* aux moindres termes (parce que 2 peut diviser 2 et 4) mais $\frac{1}{2}$ est aux moindre termes.

On peut réduire une fraction aux moindres termes en divisant un ensemble de jetons représentant une fraction en groupes égaux. (Tu devras peut-être regrouper les jetons plusieurs fois avant d'atteindre les moindres termes de la fraction.)

Étape 1 : Compte le nombre de jetons dans chaque groupe.

Étape 2 : Divise le numérateur et le dénominateur d'une fraction par le nombre de jetons dans chaque groupe.

 $\frac{2 \div 2}{6 \div 2} = \frac{1}{3}$ 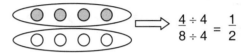 $\frac{4 \div 4}{8 \div 4} = \frac{1}{2}$

----

1. Réduis les fractions en regroupant.

a) 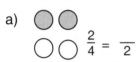 $\frac{2}{4} = \frac{}{2}$ b) 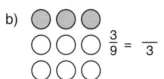 $\frac{3}{9} = \frac{}{3}$ c) 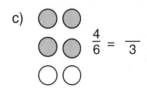 $\frac{4}{6} = \frac{}{3}$

2. Montre comment tu peux réduire les fractions en divisant.

a) $\frac{2 \div}{4 \div} = \frac{\quad}{\quad}$ b) $\frac{3 \div}{9 \div} = \frac{\quad}{\quad}$ c) $\frac{4 \div}{6 \div} = \frac{\quad}{\quad}$

3. Réduis les fractions ci-dessous en divisant.

a) $\frac{2}{10} = \frac{}{}$ b) $\frac{2}{6} = \frac{}{}$ c) $\frac{2}{8} = \frac{}{}$ d) $\frac{2}{12} = \frac{}{}$

e) $\frac{3}{9} = \frac{}{}$ f) $\frac{3}{15} = \frac{}{}$ g) $\frac{4}{12} = \frac{}{}$ h) $\frac{6}{9} = \frac{}{}$

i) $\frac{4}{6} = \frac{}{}$ j) $\frac{10}{15} = \frac{}{}$ k) $\frac{20}{25} = \frac{}{}$ l) $\frac{8}{12} = \frac{}{}$

4. Le diagramme circulaire montre comment des enfants en 6e année vont à l'école.
   Quelle fraction des enfants …

a) marche ?   b) prend le bus?

c) prend l'auto ?   d) fais du vélo?

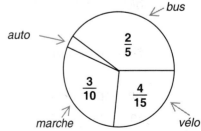

NS6-69: Le plus petit commun multiple des fractions (PPCM)

1.

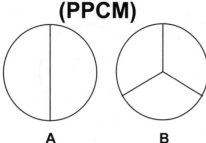

A   **B**

Combien de morceaux y a-t-il dans la tarte A?__

Combien de morceaux y a-t-il dans la tarte B? ___

Trouve le PPCM du nombre de morceaux de tartes dans A et B : **PPCM = _____**

Coupe la tarte A et la tarte B dans ce nombre de morceaux.

En combien de morceaux as-tu coupé la tarte A ?

_____

En combien de morceaux as-tu coupé la tarte B ?

_____

2.

A   **B**

Combien de morceaux y a-t-il dans la tarte A? ___

Combien de morceaux y a-t-il dans la tarte B? ___

Trouve le PPCM du nombre de morceaux de tartes dans A et B : **PPCM = _____**

Coupe la tarte A et la tarte B dans ce nombre de morceaux.

En combien de morceaux as-tu coupé la tarte A ?

_____

En combien de morceaux as-tu coupé la tarte B ?

_____

3.

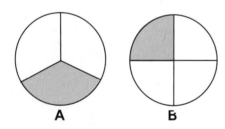

A   **B**

Écris chaque fraction.

A - _____   B - _____

Trouve le PPCM du nombre de morceaux dans les tartes A et B : **PPCM = _____**

Coupe chaque tarte dans le nombre de morceaux du PPCM.

Récris maintenant chaque fraction.

A - _____   B - _____

4.

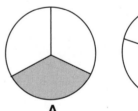

A   **B**

Écris chaque fraction.

A - _____   B - _____

Trouve le PPCM du nombre de morceaux dans les tartes A et B : **PPCM = _____**

Coupe chaque tarte dans le nombre de morceaux du PPCM.

Récris maintenant chaque fraction.

A - _____   B - _____

NS6-69: Le plus petit commun multiple des fractions (PPCM) *(suite)*

5.

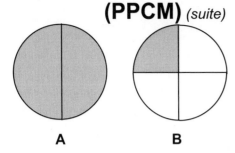

A   **B**

Écris chaque fraction.

A - _____   B - _____

Trouve le PPCM du nombre de morceaux de tartes dans A et B : **PPCM =** _____

Coupe la tarte A et la tarte B dans le nombre de morceaux que le **PPCM**

Récris les nouvelles fractions.

A - _____   B - _____

6.

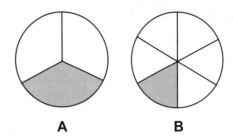

A   **B**

Écris chaque fraction.

A - _____   B - _____

Trouve le PPCM du nombre de morceaux de tartes dans A et B : **PPCM =** _____

Coupe la tarte A et la tarte B dans le nombre de morceaux que le **PPCM**

Récris les nouvelles fractions.

A - _____   B - _____

7.

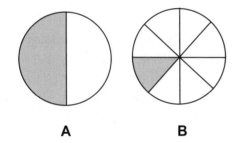

A   **B**

Écris chaque fraction.

A - _____   B - _____

Trouve le PPCM du nombre de morceaux de tartes dans A et B : **PPCM =** _____

Coupe la tarte A et la tarte B dans le nombre de morceaux que le **PPCM.**
Récris les nouvelles fractions.

A - _____   B - _____

8.

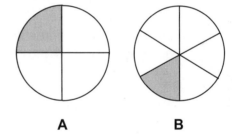

A   **B**

Écris chaque fraction.

A - _____   B - _____

Trouve le PPCM du nombre de morceaux de tartes dans A et B : **PPCM =** _____

Coupe la tarte A et la tarte B dans le nombre de morceaux que le **PPCM.**
Récris les nouvelles fractions.

A - _____   B - _____

Utilise les bandes de fractions ci-dessous pour répondre aux questions 1 à 3.

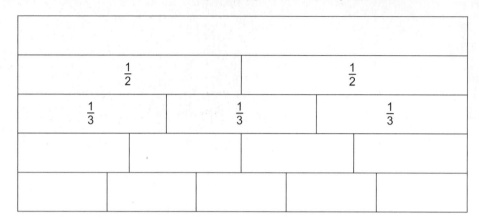

1. Insère les nombres qui manquent dans les bandes de fraction ci-dessus. Écris ensuite > (plus grand que) ou < (plus petit que) entre chaque paire de nombres ci-dessous.

   a) $\frac{2}{3}$ ☐ $\frac{3}{5}$ b) $\frac{3}{4}$ ☐ $\frac{1}{2}$ c) $\frac{2}{5}$ ☐ $\frac{3}{4}$ d) $\frac{3}{4}$ ☐ $\frac{4}{5}$

2. Encercles les fractions plus grandes que $\frac{1}{3}$.

   $\frac{3}{5}$ $\frac{2}{5}$ $\frac{1}{2}$

3. Encercles les fractions plus grandes que $\frac{1}{2}$.

   $\frac{2}{3}$ $\frac{2}{5}$ $\frac{3}{4}$

4. Transforme chaque fraction en une fraction équivalente afin que les deux fractions aient le même dénominateur (trouve le PPCM des deux dénominateurs). Écris =, <, ou > entre les deux fractions.

   a) $\frac{5 \times 1}{5 \times 2}$ ☐ $\frac{7}{10}$ b) $\frac{1}{2}$ ☐ $\frac{3}{10}$ c) $\frac{3}{4}$ ☐ $\frac{7}{8}$ d) $\frac{11}{20}$ ☐ $\frac{2}{5}$

   $\frac{5}{10}$ $<$ $\frac{7}{10}$ ☐   ☐   ☐

   e) $\frac{2}{3}$ ☐ $\frac{4}{5}$ f) $\frac{1}{2}$ ☐ $\frac{2}{3}$ g) $\frac{3}{4}$ ☐ $\frac{2}{3}$ h) $\frac{2}{3}$ ☐ $\frac{6}{9}$

   ☐   ☐   ☐   ☐

   i) $\frac{3}{4}$ ☐ $\frac{4}{5}$ j) $\frac{1}{7}$ ☐ $\frac{5}{21}$ k) $\frac{17}{35}$ ☐ $\frac{3}{5}$ l) $\frac{4}{5}$ ☐ $\frac{5}{6}$

   ☐   ☐   ☐   ☐

NS6-71: Comparer et mettre les fractions en ordre (avancé)

1. Écris les fractions en ordre de la plus petite à la plus grande.

   INDICE : En premier, écris chaque fraction avec le même dénominateur.

   a) $\frac{1}{2}$ $\frac{2}{5}$ $\frac{3}{10}$ b) $\frac{1}{3}$ $\frac{5}{6}$ $\frac{1}{2}$ c) $\frac{5}{8}$ $\frac{1}{2}$ $\frac{3}{4}$

   a) $\frac{}{10}$ $\frac{}{10}$ $\frac{3}{10}$

   _____   _____   _____

2. Écris les fractions dans les boites, en ordre, de la plus petite à la plus grande.

0									1

   $\frac{1}{10}$ $\frac{2}{5}$ $\frac{9}{10}$ $\frac{4}{5}$ $\frac{3}{5}$ $\frac{3}{10}$ $\frac{1}{5}$ $\frac{1}{2}$ $\frac{7}{10}$

3. On dit que les fractions équivalentes sont de la même **famille**. Écris deux fractions de la même famille que celle qui est dans le triangle.

   a) 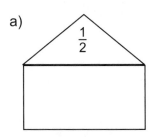   b) 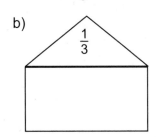   c) 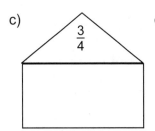   d)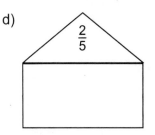

4. Dans chaque question, encercle la <u>paire</u> de fractions qui est dans la même famille.

   a) $\frac{1}{2}$ $\frac{4}{6}$ $\frac{5}{10}$ b) $\frac{2}{3}$ $\frac{4}{6}$ $\frac{1}{4}$ c) $\frac{3}{15}$ $\frac{16}{20}$ $\frac{4}{5}$

5. Trouve les fractions qui manquent dans la séquence.
   INDICE : Donne le même dénominateur à chaque fraction.

   $\frac{1}{6}$ $\frac{1}{3}$ $\frac{1}{2}$ [ ] $\frac{5}{6}$ [ ]

6. Explique comment tu sais que $\frac{1}{3}$ est plus grand que $\frac{1}{8}$.

7. Trouve 2 fractions de la même famille que $\frac{4}{12}$, avec un numérateur plus petit que 4.

8. Trouve 5 fractions de la même famille que $\frac{12}{24}$, avec un numérateur plus petit que 12.

9. Une recette de soupe requiert $\frac{2}{3}$ d'une boite de tomates.

   Une recette de sauce à spaghetti requiert $\frac{5}{6}$ d'une boite.
   Quelle recette utilise le plus de tomates?

Logique numérale 2

Réponds aux questions suivantes dans ton cahier de notes.

1. Anne a 1 heure pour diner.

   Elle joue pendant $\frac{3}{5}$ d'une heure et elle lit pendant $\frac{1}{10}$ d'une heure.

   a) Combien de minutes lui reste-t-elle pour manger?

   b) Quelle fraction d'une heure est-ce?

2. a) Quelle fraction des murs sont peints vert?

   b) Quelle couleur a été utilisée pour peindre un cinquième des murs?

   c) Quelle couleur a été utilisée pour peindre une demie des murs?

Couleur	Nombre de murs peints
Blanc	10
Jaune	5
Bleu	4
vert	1

3. Charles quitte la maison à 7:10. Il marche pendant $\frac{2}{5}$ d'une heure vers la maison de son ami et un autre $\frac{3}{5}$ d'une heure vers l'école. A quelle arrive-t-il à l'école?

4. Le graphique ci-dessous montre les temps d'activités d'un lézard.

    Reveillé mais inactif

    Endormi

    Reveillé et actif

   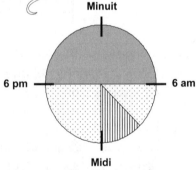

   a) Pendant quelle fraction de la journée le lézard est-il…

   i) réveillé mais inactif ii) endormi iii) réveillé et actif

   b) Pendant combien d'heures le lézard est-il…

   i) réveillé mais inactif ii) endormi iii) réveillé et actif

5. John, Brian, Eldad, et Ahmed achètent des pizzas.

   Ils ont mangé les fractions d'une pizza (pas en ordre particulier) : $\frac{2}{10}$, $\frac{2}{5}$, $\frac{7}{10}$, $\frac{6}{5}$

   Il en reste 5 morceaux.

   a) Combien de pizzas ont-ils acheté?

   b) • Eldad a mangé $\frac{1}{5}$ d'une pizza.

   • Ahmed a mangé $\frac{7}{10}$, ce qui est 3 morceaux de plus que Brian.

   • John a mangé plus qu'une pizza.

   Combien de pizza chaque garçon a-t-il mangé?

6. Une boite contient 9 cannettes. La boite est pleine au $\frac{2}{3}$.

   Combien de cannettes y a-t-il dans la boite?

NS6-73: Les centièmes

Les fractions dont les dénominateurs sont des multiples de dix (dixièmes, centièmes) sont souvent utilisées comme unités de mesure.

- Un millimètre est un dixième d'un centimètre (10 mm = 1 cm)
- Un centimètre est un dixième d'un décimètre (10 cm = 1 dm)
- Un décimètre est un dixième d'un mètre (10 dm = 1 m)
- Un centimètre est un centième d'un mètre (100 cm = 1 m)

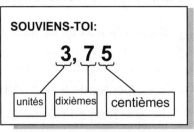

SOUVIENS-TOI :

Les nombres décimaux sont des abréviations de fractions : ,73 est 7 dixièmes (= 70 centièmes) et 3 centièmes.

---

1. Écris une fraction et une décimale pour chaque image.

a)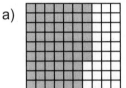

b)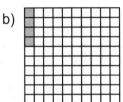

c)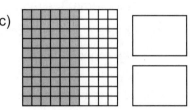

2. Convertis la fraction en décimale. Colorie ensuite.

a) $\dfrac{39}{100}$ =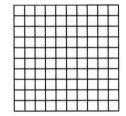

b) $\dfrac{65}{100}$ =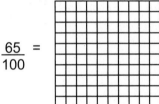

c) $\dfrac{7}{100}$ =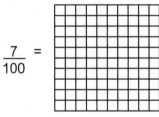

3. L'image montre le plan d'un zoo.
   Écris une fraction et une décimale pour chaque section :

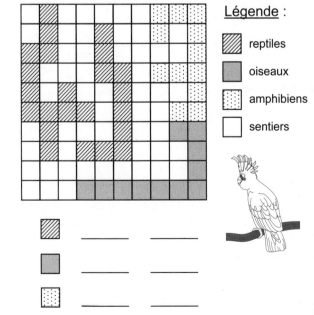

Légende :

▨ reptiles

▧ oiseaux

⣿ amphibiens

☐ sentiers

▨ _____ _____

▧ _____ _____

⣿ _____ _____

☐ _____ _____

4. Fais ton propre plan d'un zoo.
   Écris une fraction et une décimale pour chaque section :

☐ _____

☐ _____

☐ _____

☐ _____

☐ _____ _____

☐ _____ _____

☐ _____ _____

☐ _____ _____

NS6-74: Les dixièmes et les centièmes

1. Noircis les colonnes pour montrer les dixièmes comme dans a). Écris ensuite une fraction et un nombre décimal pour représenter le nombre de carrés ombragés.

a)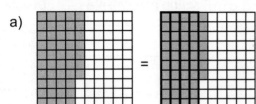

47 centièmes = 4 dixièmes ___ centièmes

$$\frac{47}{100} = ,\ \underline{4}\ \ \underline{7}$$

b)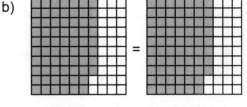

___ centièmes = ___ dixièmes ___ centièmes

$$\frac{}{100} = ,\ \underline{}\ \ \underline{}$$

c)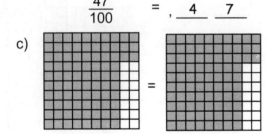

___ centièmes = ___ dixièmes ___ centièmes

$$\frac{}{100} = ,\ \underline{}\ \ \underline{}$$

d)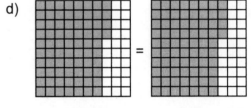

___ centièmes = ___ dixièmes ___ centièmes

$$\frac{}{100} = ,\ \underline{}\ \ \underline{}$$

2. Remplis les espaces vides.

a) 43 centièmes = ___ dixièmes ___ centièmes

$$\frac{43}{100} = ,\ \underline{4}\ \ \underline{3}$$

b) 28 centièmes = ___ dixièmes ___ centièmes

$$\frac{}{100} = ,\ \underline{}\ \ \underline{}$$

c) 66 centièmes = ___ dixièmes ___ centièmes

$$\frac{}{100} = ,\ \underline{}\ \ \underline{}$$

d) 84 centièmes = ___ dixièmes ___ centièmes

$$\frac{}{100} = ,\ \underline{}\ \ \underline{}$$

e) 9 centièmes = ___ dixièmes ___ centièmes

$$\frac{}{100} = ,\ \underline{}\ \ \underline{}$$

f) 30 centièmes = ___ dixièmes ___ centièmes

$$\frac{}{100} = ,\ \underline{}\ \ \underline{}$$

3. Décris chaque nombre décimal de deux façons.

a) ,52 = ___5 dixièmes _2_ centièmes

= ___ 52 centièmes ___

b) ,55 = ___ dixièmes ___ centièmes

= _____

c) ,40 = ___ dixièmes ___ centièmes

= _____

d) ,23 = ___ dixièmes ___ centièmes

= _____

e) ,02 = ___ dixièmes ___ centièmes

= _____

f) ,18 = ___ dixièmes ___ centièmes

= _____

NS6-75: Changer les dixièmes en centièmes

1. Complète le tableau suivant. La première rangée est déjà faite pour toi.

Dessin	Fraction	Nombre décimal	Nombre décimal équivalent	Fraction équivalente	Dessin
	$\frac{4}{10}$	0,4	0,40	$\frac{40}{100}$	

2. Écris une fraction pour le nombre de <u>centièmes</u>. Compte ensuite les colonnes ombragées et écris une fraction pour le nombre de <u>dixièmes</u>.

a)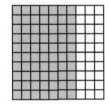

$\overline{100} = \overline{10}$

b)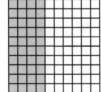

$\overline{100} = \overline{10}$

c)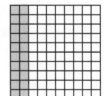

$\overline{100} = \overline{10}$

d)

$\overline{100} = \overline{10}$

3. Ajoute les nombres qui manquent. **SOUVIENS-TOI :** $\frac{10}{100} = \frac{1}{10}$

a) $,5 = \frac{5}{10} = \overline{100} = ,\underline{\ \ }$

b) $,\underline{\ } = \frac{3}{10} = \overline{100} = ,30$

c) $,\underline{\ } = \frac{9}{10} = \overline{100} = ,90$

d) $,\underline{\ } = \frac{8}{10} = \overline{100} = ,\underline{\ \ }$

e) $,\underline{\ } = \overline{10} = \frac{40}{100} = ,\underline{\ \ }$

f) $,\underline{\ } = \overline{10} = \frac{70}{100} = ,\underline{\ \ }$

g) $,\underline{\ } = \frac{4}{10} = \overline{100} = ,\underline{\ \ }$

h) $,\underline{\ } = \frac{6}{10} = \overline{100} = ,\underline{\ \ }$

i) $,3 = \overline{10} = \overline{100} = ,\underline{\ \ }$

NS6-76: Les nombres décimaux, l'argent et la mesure

Un **dix cents** est **un dixième** d'un dollar. Un **cent** est un **centième** d'un dollar.

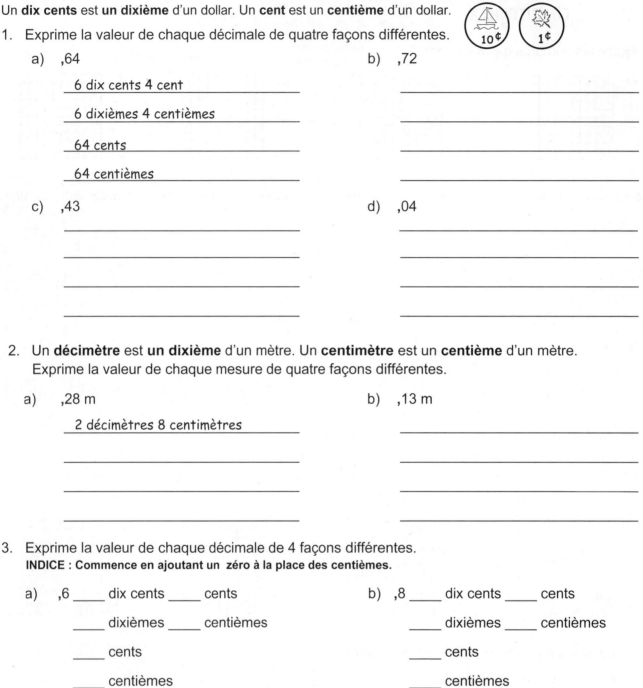

1. Exprime la valeur de chaque décimale de quatre façons différentes.

a) ,64

    6 dix cents 4 cent

    6 dixièmes 4 centièmes

    64 cents

    64 centièmes

b) ,72

c) ,43

d) ,04

2. Un **décimètre** est **un dixième** d'un mètre. Un **centimètre** est un **centième** d'un mètre.
   Exprime la valeur de chaque mesure de quatre façons différentes.

a) ,28 m

    2 décimètres 8 centimètres

b) ,13 m

3. Exprime la valeur de chaque décimale de 4 façons différentes.
   INDICE : Commence en ajoutant un zéro à la place des centièmes.

a) ,6 _____ dix cents _____ cents

    _____ dixièmes _____ centièmes

    _____ cents

    _____ centièmes

b) ,8 _____ dix cents _____ cents

    _____ dixièmes _____ centièmes

    _____ cents

    _____ centièmes

4. Exprime la valeur de chaque décimale de quatre différentes façons. Encercle le plus grand nombre.

a) ,27 _____ dix cents _____ cents

    _____ dixièmes _____ centièmes

    _____ cents

    _____ centièmes

b) ,3 _____ dix cents _____ cents

    _____ dixièmes _____ centièmes

    _____ cents

    _____ centièmes

5. George dit que ,63 est plus grand que ,8 parce que 63 est plus grand que 8. Explique son erreur.

NS6-77: Changer les notations : fractions et nombres décimaux

1. Ajoute les nombres qui manquent.

a) 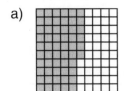   b) 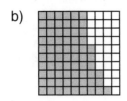   c) 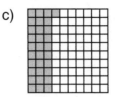   d)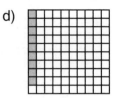

dixièmes	centièmes

dixièmes	centièmes

dixièmes	centièmes

dixièmes	centièmes

$\overline{100}$ = , $\underset{\text{dixièmes}\quad\text{centièmes}}{\underline{\qquad\quad}\underline{\qquad\quad}}$ $\overline{100}$ = , ———— ———— $\overline{100}$ = , ———— ———— $\overline{100}$ = , ———— ————

2. Écris les nombres décimaux suivants sous forme de fractions.

a) ,3 = $\overline{10}$ b) ,5 = $\overline{10}$ c) ,8 = $\overline{10}$ d) ,2 = $\overline{10}$ e) ,1 = $\overline{10}$

f) ,34 = $\overline{100}$ g) ,39 = $\overline{100}$ h) ,77 = $\overline{100}$ i) ,86 = $\overline{100}$ j) ,61 = $\overline{100}$

k) ,7 =   l) ,34 =   m) ,06 =   n) ,4 =   o) ,04 =

p) ,6 =   q) ,46 =   r) ,25 =   s) ,93 =   t) ,06 =

3. Écris les fractions suivantes sous forme de nombres décimaux.

a) $\frac{2}{10}$ = , ———   b) $\frac{4}{10}$ = , ———   c) $\frac{3}{10}$ = , ———   d) $\frac{9}{10}$ = , ———

e) $\frac{93}{100}$ = , —— ——   f) $\frac{78}{100}$ = , —— ——   g) $\frac{66}{100}$ = , —— ——   h) $\frac{5}{100}$ = , —— ——

4. Encercle les équivalences qui sont incorrectes.

a) ,36 = $\frac{36}{100}$ b) ,9 = $\frac{9}{100}$ c) ,6 = $\frac{6}{10}$ d) $\frac{27}{100}$ = ,27   e) $\frac{3}{100}$ = ,03

f) ,75 = $\frac{74}{100}$ g) ,40 = $\frac{40}{10}$ h) ,75 = $\frac{75}{100}$ i) ,08 = $\frac{8}{100}$ j) ,03 = $\frac{3}{10}$

5. Écris sous forme de décimale.

a) 8 dixièmes 2 centièmes =   b) 0 dixièmes 9 centièmes =

6. Écris ,46 sous forme de fraction simplifiée. Explique comment tu as trouvé ta réponse.

Logique numérale 2

Un bloc de centaines représente un entier. 10 est un dixième de 100, donc un bloc de dizaines représente un dixième d'un entier. 1 est un centième de 100, alors un bloc d'unités représente un centième d'un entier.

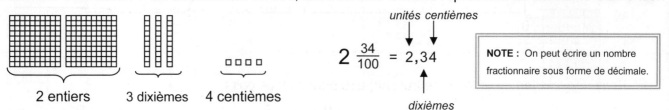

NOTE : On peut écrire un nombre fractionnaire sous forme de décimale.

$$2\frac{34}{100} = 2{,}34$$

---

1. Écris un nombre fractionnaire et une décimale pour les modèles à la base de dix suivants.

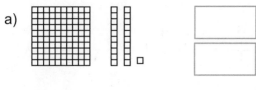

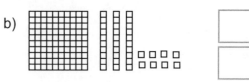

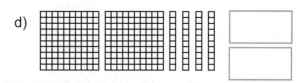

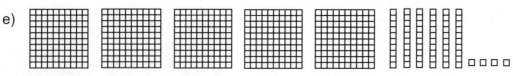

2. Dessine des modèles à la base de dix pour les nombres décimaux suivantes.

   a) 3,21   b) 1,62

3. Écris une décimale et un nombre fractionnaire pour chacune des illustrations suivantes.

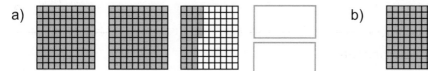

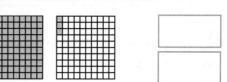

4. Écris une décimale pour chacun des nombres fractionnaires ci-dessous.

   a) $1\frac{32}{100} =$ b) $2\frac{71}{100} =$ c) $8\frac{7}{10} =$ d) $4\frac{27}{100} =$

   e) $3\frac{7}{100} =$ f) $17\frac{8}{10} =$ g) $27\frac{1}{10} =$ h) $38\frac{5}{100} =$

5. Quelle décimale représente le plus grand nombre? Explique ta réponse avec une illustration.

   a) 6 dixièmes ou 6 centièmes?   b) ,8 ou ,08?   c) 1,02 ou 1,20?

NS6-79: Les nombres décimaux et les fractions sur les droites numériques

Cette droite numérique est divisée en dixièmes. Le nombre représenté par le point A est $2\frac{3}{10}$ ou 2,3.

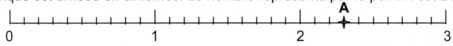

1. Écris une fraction ou un nombre fractionnaire pour chaque point.

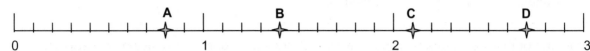

A :   B :   C :   D :

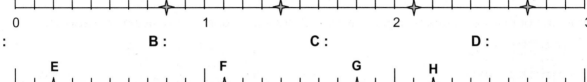

E :   F :   G :   H :

2. Inscris chaque point sur la droite numérique avec un 'X' et identifie les points avec la bonne lettre.

   A. 1,3   **B.** 2,7   **C.** ,70   **D.** 1,1   **E.** $2\frac{1}{10}$

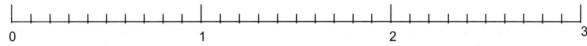

   F. un et trois dixièmes   **G.** neuf dixièmes   **H.** un et un dixième   **I.** deux point neuf

3. Écris chaque point, en mots, sous forme de décimale.

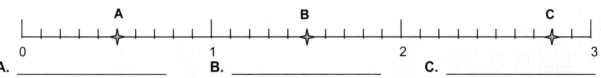

   A. _____   **B.** _____   **C.** _____

4. Inscris chaque point sur la droite numérique.

   a) **0,6**   b) **1,2**

BONUS

5. Inscris chaque fraction et décimale suivante sur la droite numérique.

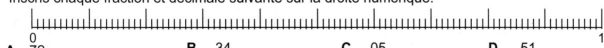

   A. ,72   **B.** $\frac{34}{100}$ **C.** ,05   **D.** $\frac{51}{100}$

Logique numérale 2

NS6-80: Comparer et mettre en ordre les fractions et les nombres décimaux

1.

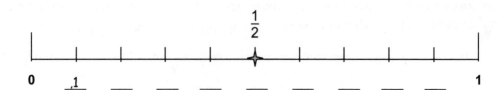

   a) Écris une décimale pour chaque point sur la droite numérique. (La première est déjà faite.)

   b) Quelle décimale est égale à une demie? $\frac{1}{2}$ =

2. Utilise la droite numérique de la question 1 pour trouver quelle décimale est plus près de « zéro », « une demie » ou « un ».

   a) ,3 est plus près de _____   b) ,7 est plus près de _____   c) ,8 est plus près de _____

   d) ,9 est plus près de _____   e) ,1 est plus près de _____   f) ,2 est plus près de _____

3.

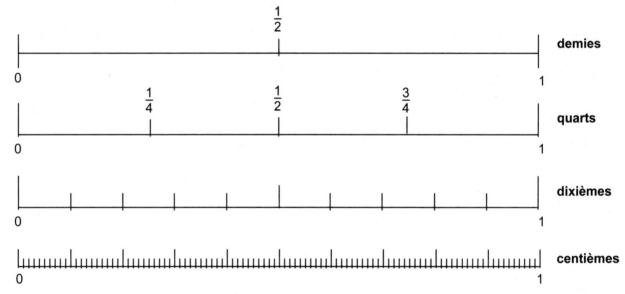

   Utilise les droites numériques ci-dessus pour comparer les nombres suivants. Écris **<** (plus petit que) ou **>** (plus grand que) entre chaque paire de nombres.

   a) 0,7 ⬜ $\frac{3}{4}$ b) 0,4 ⬜ $\frac{7}{10}$ c) 0,8 ⬜ $\frac{1}{2}$ d) 0,2 ⬜ $\frac{1}{4}$

   e) 0,4 ⬜ $\frac{1}{2}$ f) 0,35 ⬜ $\frac{1}{4}$ g) 0,07 ⬜ $\frac{1}{2}$ h) $\frac{3}{4}$ ⬜ ,65

4. De quel nombre entier les nombres décimaux ou nombres fractionnaires sont les plus près : zéro, un, deux, ou trois?

   a) 2,4 est plus près de_____   b) 2,8 est plus près de_____   c) $1\frac{3}{10}$ est plus près de_____

1. Écris les nombres en ordre croissant en changeant chaque en fraction avec 10 au dénominateur.

   NOTE : Montre ton travail à côté de chaque nombre.

   a) $0,6 \quad \frac{6}{10} \quad 0,7 \quad 0,4$ b) $1,2 \quad 1\frac{2}{10} \quad 3,7 \quad 3,5$ c) $4,7 \quad 4,5 \quad 4\frac{3}{10}$

   _____   _____   _____

2. Ali dit :   « Pour comparer ,6 et ,42, j'ajoute un zéro à ,6 :

   ,6 = 6 dixièmes = 60 centièmes = ,60

   60 (centièmes) est plus grande que 42 (centièmes).

   Alors ,6 est plus grand que ,42. »

   Ajoute un zéro à la décimale. Encercle ensuite le plus grand nombre dans chaque paire.

   a) ,4   ,32   b) ,72   ,8   c) ,32   ,2

3. Écris une décimale sous forme de fraction (100 comme dénominateur) en ajoutant un zéro à la décimale.

   a) $,7 = \boxed{,70} = \boxed{\frac{70}{100}}$ b) $,9 = \boxed{} = \boxed{}$ c) $,1 = \boxed{} = \boxed{}$

4. Écris les nombres en ordre, du plus petit au plus grand, en changeant toutes les nombres décimaux en fractions avec 100 comme dénominateur.

   a) ,3   ,9   ,45   b) $\frac{37}{100}$,8   ,32   c) 1,4 $1\frac{34}{100}$ 1,35

   $\boxed{\frac{30}{100}}$ $\boxed{}$ $\boxed{}$ $\boxed{}$ $\boxed{}$ $\boxed{}$ $\boxed{}$ $\boxed{}$ $\boxed{}$

   _____   _____   _____

5. Change $\frac{27}{10}$ en nombre fractionnaire en coloriant le bon nombre de morceaux.

          nombre fractionnaire :_____

6. Change les fractions impropres en nombres fractionnaires.

   a) $\frac{25}{10}$ b) $\frac{37}{10}$ c) $\frac{86}{10}$ d) $\frac{60}{10}$ e) $\frac{186}{100}$ f) $\frac{175}{100}$

7. Change les fractions impropres suivantes en décimale en les écrivant en nombres fractionnaires.

   a) $\frac{35}{10} = 3\frac{5}{10} = 3,5$ b) $\frac{38}{10}$ c) $\frac{87}{10}$ d) $\frac{53}{10}$ e) $\frac{153}{100}$ f) $\frac{342}{100}$

8. Quel est le plus grand nombre, $\frac{23}{10}$ ou 2,4? Explique.

9. Écris 5 nombres décimaux plus grands que 1,32 et plus petits que 1,4.

10.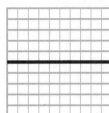

Colorie $\frac{1}{2}$ des carrés. Écris 2 fractions et 2 nombres décimaux pour $\frac{1}{2}$.

Fractions : $\frac{1}{2}$ = $\overline{10}$ = $\overline{100}$

Nombres décimaux : $\frac{1}{2}$ = , _____ = , _____

11.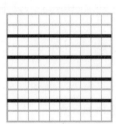

Colorie $\frac{1}{5}$ des boites. Écris 2 fractions et 2 nombres décimaux pour $\frac{1}{5}$.

Fractions : $\frac{1}{5}$ = $\overline{10}$ = $\overline{100}$

Nombres décimaux : $\frac{1}{5}$ = , _____ = , _____

12. Écris les fractions équivalentes.

a) $\frac{2}{5}$ = $\overline{10}$ = $\overline{100}$ b) $\frac{3}{5}$ = $\overline{10}$ = $\overline{100}$ c) $\frac{4}{5}$ = $\overline{10}$ = $\overline{100}$

13.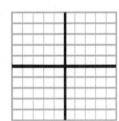

Colorie $\frac{1}{4}$ des carrés. Écris une fraction et une décimale pour $\frac{1}{4}$ et $\frac{3}{4}$.

Fraction : $\frac{1}{4}$ = $\overline{100}$ *Décimale :* $\frac{1}{4}$ = , _____

Fraction : $\frac{3}{4}$ = $\overline{100}$ *Décimale :* $\frac{3}{4}$ = , _____

14. Encercle le plus grand nombre.
INDICE : Change toutes les fractions et les nombres décimaux en fractions avec 100 comme dénominateur.

a) $\frac{3}{4}$,72   b) $\frac{1}{2}$,53   c) $\frac{3}{5}$,87

15. Écris les nombres en ordre croissant. Explique ta réponse.

a) ,8   ,42 $\frac{3}{4}$ b) $\frac{1}{2}$ $\frac{4}{5}$,35   c) $\frac{3}{5}$,45 $\frac{1}{2}$

16. Comment savoir que $\frac{1}{4}$ = 0,25 peut t'aider à trouver la décimale de $\frac{3}{4}$?

17. Explique comment tu sais que 0,65 est plus grand que $\frac{1}{2}$.

NS6-82: Les millièmes

Si on utilise un cube de mille pour représenter un nombre, un bloc de centaines représente un dixième, un bloc de dizaine représente un centième et un bloc représente un millième d'un entier.

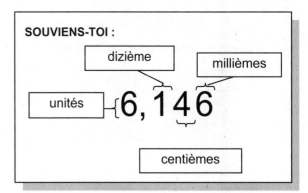

SOUVIENS-TOI :

1 entier   1 dizième   1 centième   1 millième

----

1. Écris, à côté de chaque nombre, la valeur de placement de chaque chiffre souligné.

    a) 3,2<u>7</u>4

    b) 9,27<u>3</u>

    c) 2,<u>5</u>37

    d) 7,12<u>9</u>

    e) <u>5</u>,214

    f) 8,<u>9</u>78

2. Écris les nombres suivants dans le tableau de valeur de placement. Le premier est déjà fait pour toi.

	unités	dixièmes	centièmes	millièmes
a) 6,512	6	5	1	2
c) 7,03				
e) 1,763				
g) 6,38				
i) 5,813				

	unités	dixièmes	centièmes	millièmes
b) 6,354				
d) 1,305				
f) 0,536				
h) 8				
j) 0,13				

3. Écris les nombres décimaux suivants sous forme de fractions.

    a) ,652 =

    b) ,372 =

    c) ,20 =

    d) ,002 =

4. Écris chaque décimale en forme décomposée.

    a) ,237 = <u>2 dizièmes + 3 centièmes + 7 millièmes</u>

    b) ,325 = _____

    c) 6,336 = _____

5. Écris les fractions suivantes sous forme de nombres décimaux.

    a) $\dfrac{49}{100}$ =

    b) $\dfrac{50}{100}$ =

    c) $\dfrac{758}{1000}$ =

    d) $\dfrac{25}{1000}$ =

6. Compare chaque paire de nombres décimaux en écrivant < ou > dans la boite.
   INDICE : Ajoute des zéros quand tu dois avoir le même nombre de chiffres après la décimale.

    a) ,375 ☐ ,378

    b) ,233 ☐ ,47

    c) ,956 ☐ ,1

    d) ,27 ☐ ,207

    e) ,7 ☐ ,32

    f) ,8 ☐ ,516

jump math
MULTIPLYING POTENTIAL.

NS6-83: Additionner les centièmes

1. Écris une fraction pour chaque partie ombragée. Additionne ensuite les fractions, et colorie ta réponse. La première est déjà faite pour toi.

a) 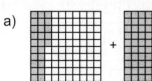 + 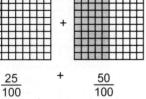 =

$\dfrac{25}{100}$ + $\dfrac{50}{100}$ = $\dfrac{75}{100}$

b) + =

c) 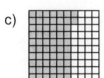 + =

d) 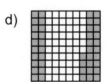 + =

2. Écris les nombres décimaux qui correspondent aux fractions de la question 1 ci-dessus.

a) ,25 + ,50 = ,75	b)
c)	d)

3. Additionne les nombres décimaux en enlignant les chiffre. Assures-toi que ta réponse finale soit une décimale.

a) 0,32 + 0,57 =

	0	3	2
+	0	5	7
	0	8	9

b) 0,91 + 0,04 =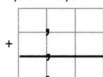

c) 0,42 + 0,72 =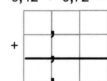

d) 0,22 + 0,57 =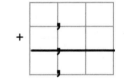

e) 0,3 + 0,36 =

f) 0,5 + 0,48 =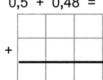

g) 0,81 + 0,58 =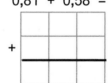

h) 0,46 + 0,22 =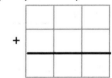

4. Aligne les nombres décimaux et additionne les nombres suivants.

a) 4,32 + 2,17   b) 3,64 + 5,23   c) 9,46 + 3,12   d) 0,87 + 0,02   e) 4,8 + 0,31

5. Chaque aile d'un papillon mesure 3,72 cm de large. Son corps mesure ,46 cm de large. Quelle est la largeur du papillon?

6. Anne fait du punch en mélangeant ,63 litres de jus avec ,36 litres de boisson gazeuse. Combien de litres de punch a-t-elle fait?

NS6-84: Soustraire les centièmes

1. Soustrais en marquant le bon nombre de boites à soustraire.

a)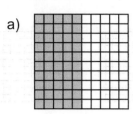

$\frac{50}{100} - \frac{30}{100} =$

b)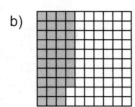

$\frac{38}{100} - \frac{12}{100} =$

c)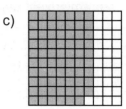

$\frac{69}{100} - \frac{34}{100} =$

2. Écris les nombres décimaux qui correspondent aux fractions de la question 1 ci-dessus.

a) ,50 - ,30 = ,20	b)	c)

3. Soustrais les nombres décimaux en alignant les chiffres.

a) 0,53 − 0,21 =

	0	,5	3
−	0	2	1
	0	,3	2

b) 0,88 − 0,34 =

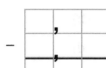

c) 0,46 − 0,23 =

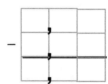

d) 0,75 − 0,21 =

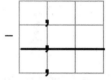

e) 0,33 − ,17 =

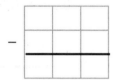

f) 0,64 − 0,38 =

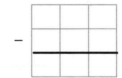

g) 0,92 − 0,59 =

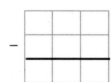

h) 0,53 − 0,26 =

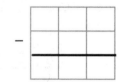

i) 1,00 − ,82 =

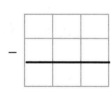

j) 1,00 − 0,36 =

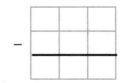

k) 1,00 − 0,44 =

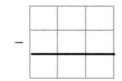

l) 1,00 − 0,29 =

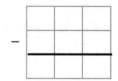

4. Soustrais les nombres décimaux suivantes.

a) ,82 − ,45

b) ,97 − ,38

c) ,72 − ,64

d) ,31 − ,17

e) ,58 − ,3

f) ,62 − ,6

g) ,98 − ,03

h) ,53 − ,09

5. Trouve le nombre décimal qui manque.

a) 1 = ,35 +

b) 1 = ,72 +

c) 1 = ,41 +

Logique numérale 2

NS6-85: Additionner et soustraire les nombres décimaux page 230

1. Additionne en dessinant un modèle à la base de dix. Utilise ensuite le tableau suivant, aligne les points de nombres décimaux et additionne.

   NOTE : Utilise un bloc de centaines comme entier, un bloc de dizaines comme un dixième et un bloc comme centaines.

   a) 1,23 + 1,12

   b) 1,46 + 1,33

unités	dixièmes	centièmes
	,	
+	,	
	,	

unités	dixièmes	centièmes
	,	
+	,	
	,	

2. Dessine un modèle du plus grand nombre. Soustrais ensuite en enlevant des blocs.

   a) 2,35 – 1,12 = 1,23

   b) 3,24 – 2,11

    = 1,23

3. Additionne ou soustrais.

   a)

3	,	1	2
+	4	,	5	7
	,		

   b)

5	,	8	9
+	1	3	4
	,		

   c)

3	8	6
–	2	1	5
	,		

   d)

4	2	3
–	2	1	9
	,		

   e)

1	8	0	5
–	1	2	7	3
	,		

4. Soustrais chaque paire de nombres en alignant les points des nombres décimaux.

   a) 7,87 – 4,03   b) 9,74 – 6,35   c) 2,75 – ,28   d) 28,71 – 1,4   e) 17,9 – 4,29

5. La température moyenne à Jakarta est 30,33°C et, à Toronto, 11,9°C.
   De combien de degrés la température est-elle plus chaude à Jakarta?

6. Mercure est à 57,6 millions de kilomètres du soleil.
   La Terre est à 148,64 millions kilomètres du soleil.

   De combien de kilometres la Terre est-elle plus loin du soleil?

7. Continue les régularités. a) ,2,   ,4,   ,6, ____, ____, ____   b) ,3,   ,6,   ,9, ____, ____, ____

Si un bloc de centaines représente 1 entier, et un bloc de dizaines représente donc 1 dixième (or 0,1).

10 dixièmes font 1 entier :
10 × 0,1 = 1,0

----

1. Multiplie le nombre de bloc de dizaines par 10. Montre ensuite combien tu as de blocs de centaines. Le premier est déjà fait pour toi.

   a)
    =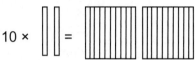

   10 × 0,2 = __2__

   b)
   10 × [ ] =

   10 × 0,3 = _____

   c)
   10 × [ ] =

   10 × 0,6 = _____

2. Multiplie.

   a) 10 × ,5 = ____   b) 10 × ,7 = ____   c) 10 × 1,4 = ____   d) 10 × ,9 = ____

   e) 10 × 1,7 = ____   f) 1,6 × 10 = ____   g) 18,2 × 10 = ____   h) 17,3 × 10 = ____

   i) 10 × 23,5 = ____   j) 10 × 1,72 = ____   k) 10 × 42,6 = ____   l) 5,36 × 10 = ____

3. Pour changer de dm à cm, tu dois multiplier par 10 (il y a 10 cm dans 1 dm).

   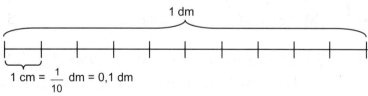

   1 dm

   1 cm = $\frac{1}{10}$ dm = 0,1 dm

   Trouve les réponses.

   a) ,6 dm = _____ cm   b) ,8 dm = _____ cm   c) 1,6 dm = _____ cm

4. On peut écrire 10 × 3 comme une somme : 3 + 3 + 3 + 3 + 3 + 3 + 3 + 3 + 3 + 3.
   Écris 10 × ,3 comme une somme et compte par ,3 pour trouver la réponse.

5. Un dix cents est un dixième d'un dollar (10¢ = 0,10 $).
   Fais un dessin ou utilise de la fausse monnaie pour montrer que 10 × 0,20 $ = 2,00 $.

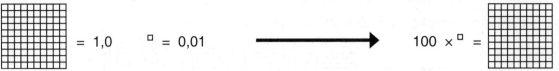

= 1,0   □ = 0,01   ⟶   100 × □ =

Si un bloc de centaines représente 1 entier,   100 centièmes font 1 entier :
un bloc d'unité représente donc 1 centième (ou ,01).   100 × ,01 = 1,00

----

1. Écris un énoncé de multiplication pour chaque image.

    a)   b)

      100 × □/□ =   100 × □/□ =

     ____100 × ,02__ = _____   _____ = _____

2. Cette image montre pourquoi le point se déplace de 2 espaces à droite quand on multiplie par 100.

    100 × □|□

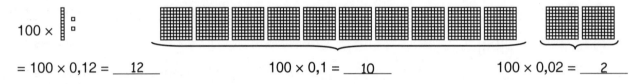

    = 100 × 0,12 = __12__   100 × 0,1 = __10__   100 × 0,02 = __2__

    Déplace le point de 2 espaces à la droite.

    a) 100 × ,7 = __70__   b) 100 × 1,8   = _____   c) 100 × 4,6   = _____

    d) 100 × 5,9   = _____   e) 100 × 2,3   = _____   f) 100 × 4,0   = _____

    g) 100 × 0,16   = _____   h) 100 × 0,69   = _____   i) 100 × 0,07   = _____

3. Multiplie.

    a) 100 × ,07 = __7__   b) 100 × ,06 = _____   c) 100 × ,67 = _____   d) ,95 × 100 = _____

    e) 100 × 1,82 = _____   f) 100 × 4,07 = _____   g) 100 × ,50 = _____   h) 100 × ,7 = _____

    i) 100 × 1,8 = _____   j) 100 × ,35 = _____   k) 100 × ,64 = _____   l) ,95 × 100 = _____

4. a) 1000 millièmes valent combien? _____   b) 1000 × ,001= _____

5. Regarde ta réponse à la question 4 b).

    De combien d'espaces vers la droite le point se déplace-t-il quand tu multiplie par 1000?_____

6. Multiplie les nombres en déplaçant le point.

    a) 1000 × ,86 = _____   b) 1000 × ,325 = _____   c) 1000 × 1,329 = _____

    d) 1000 × ,76 = _____   e) 1000 × 8,25 = _____   f) 1000 × 7,5 = _____

NS6-88: Multiplier les nombres décimaux par des nombres entiers

Cette image montre comment multiplier une décimale par un entier.

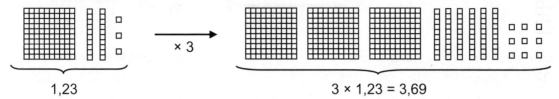

1,23   3 × 1,23 = 3,69

INDICE : Multiplie chaque chiffre séparément.

- -

1. Multiplie dans ta tête.

   a) 2 × 1,43 = _____   b) 3 × 1,2 = _____   c) 5 × 1,01 = _____   d) 4 × 2,1 = _____

   e) 2 × 5,34 = _____   f) 4 × 2,1 = _____   g) 3 × 3,12 = _____   h) 3 × 4,32 = _____

2. Multiplie en échangeant des dixièmes pour des unités (la première est déjà faite pour toi).

   a) 6 × 1,4 = __6 × 1 = 6__ unités + __6 × 4 = 24__ dixièmes = __8__ unités + __4__ dixièmes = __8,4__

   b) 3 × 2,5 = _____ unités + _____ dixièmes = _____ unités + _____ dixièmes = _____

   c) 3 × 2,7 = _____ unités + _____ dixièmes = _____ unités + _____ dixièmes = _____

   d) 4 × 2,6 = _____

3. Multiplie en échangeant les dixièmes pour des unités ou les centièmes pour des dixièmes.

   a) 3 × 2,51 = _____ unités + _____ dixièmes + _____ centièmes

            = _____ unités + _____ dixièmes + _____ centièmes = _____

   b) 4 × 2,14 = _____ unités + _____ dixièmes + _____ centièmes

            = _____ unités + _____ dixièmes + _____ centièmes = _____

   c) 5 × 1,41 = _____ unités + _____ dixièmes + _____ centièmes

            = _____ unités + _____ dixièmes + _____ centièmes = _____

4. Multiplie. Tu devras, pour certaines questions, regrouper deux fois.

   a) 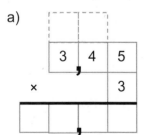   b) 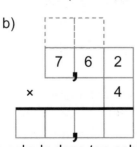   c) 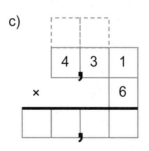   d)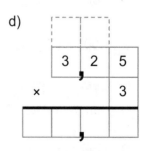

5. Trouve le produit. Fais tes calculs dans ton cahier.

   a) 5 × 2,1   b) 3 × 8,3   c) 5 × 7,5   d) 9 × 2,81   e) 7 × 3,6   f) 6 × 3,4

   g) 4 × 3,2   h) 5 × 6,35   i) 6 × 3,95   j) 8 × 2,63   k) 3 × 31,21   l) 4 × 12,32

Logique numérale 2

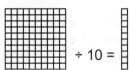 ÷ 10 =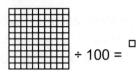

Quand tu divises un nombre décimal par 10, le point bouge d'<u>un espace à gauche</u> :

$0,7 ÷ 10 = ,07$ $7,0 ÷ 10 = ,7$

Quand tu divises un nombre décimal par 100, le point bouge de 2 <u>places à gauche</u> :

$7,0 ÷ 100 = ,07$

Divise 1 entier en 10 parties égales – chaque partie est 1 dixième :
$1,0 ÷ 10 = 0,1$

Divise 1 dixième en 10 parties égales – chaque partie est 1 centième :
$0,1 ÷ 10 = 0,01$

Divise 1 entier en 100 parties égales – chaque partie est 1 centième :
$1,0 ÷ 100 = 0,01$

---

1. Complète l'image et écris un énoncé de division.

   a)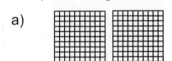

   $\underline{\quad 2,0 ÷ 10 \quad} = \underline{\quad ,2 \quad}$

   b)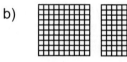

   $\underline{\qquad\qquad} = \underline{\qquad}$

   c) ÷ 10 = □□□

   $\underline{\quad ,3 ÷ 10 \quad} = \underline{\qquad}$

   d)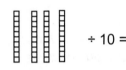

   $\underline{\qquad\qquad} = \underline{\qquad}$

   e)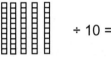

   $\underline{\qquad\qquad} = \underline{\qquad}$

2. Complète l'image et écris un énoncé de division (la première est déjà faite).

   a)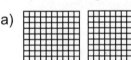

   $\underline{\quad 2,3 ÷ 10 \quad} = \underline{\quad ,23 \quad}$

   b)

   $\underline{\qquad\qquad} = \underline{\qquad}$

3. Bouge le point d'une ou deux places à gauche en dessinant une flèche comme au # 3 a).

   INDICE : S'il n'y a pas de décimale, ajoute-en une à la droite du nombre en premier.

   a) $0,3 ÷ 10 = \underline{\,,03\,}$ b) $0,5 ÷ 10 = \underline{\qquad}$ c) $0,7 ÷ 10 = \underline{\qquad}$ d) $1,3 ÷ 10 = \underline{\qquad}$

   e) $7,6 ÷ 10 = \underline{\qquad}$ f) $12,0 ÷ 10 = \underline{\qquad}$ g) $9 ÷ 10 = \underline{\qquad}$ h) $6 ÷ 10 = \underline{\qquad}$

   i) $42 ÷ 10 = \underline{\qquad}$ j) $17 ÷ 10 = \underline{\qquad}$ k) $,9 ÷ 10 = \underline{\qquad}$ l) $27,3 ÷ 10 = \underline{\qquad}$

   m) $3,0 ÷ 100 = \underline{\qquad}$ n) $6,2 ÷ 100 = \underline{\qquad}$ o) $,7 ÷ 100 = \underline{\qquad}$ p) $17,2 ÷ 100 = \underline{\qquad}$

4. Explique pourquoi $1,00 ÷ 100 = ,01$ en utilisant un dollar comme entier.

5. Un mur de 3,5 m de large est peint avec 100 bandes de largeur égale. De quelle largeur la bande est-elle?

6. $5 × 3 = 15$ et $15 ÷ 5 = 3$ sont de la même famille de multiples. Écris un énoncé de division de la même famille de multiples que $10 × 0,1 = 1,0$.

Tu peux diviser une décimale par un nombre entier en faisant un modèle à la base de dix. Tu peux suivre ton travail en utilisant la longue division. Utilise un bloc de centaine pour représenter 1 en entier, un bloc de dizaine pour représente 1 dixième et un bloc d'unité pour représenter 1 centième.

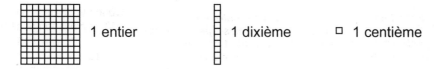

1 entier   1 dixième   □ 1 centième

---

1. Calcule **5,12 ÷ 2** en dessinant un modèle à la base de dix et en utilisant la longue division.

   Étape 1 : *Dessine un modèle à la base de dix pour 5,12.*

   > *Dessine ton modèle ici :*

   Étape 2 : *Divise les blocs d'entiers en 2 groupes égaux.*

   Étape 3 : *Échange les blocs d'entiers qui restent pour 10 dixièmes.*

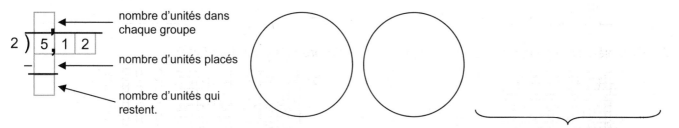

   Étape 4 : *Divise les blocs de dixièmes en 2 groupes égaux.*

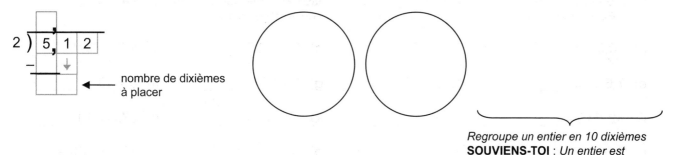

Étape 5 : *Regroupe les blocs de dixième qui restent en 10 centièmes.*

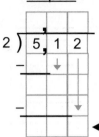

← nombre de centièmes
à placer

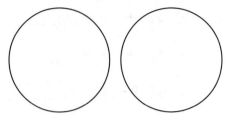

échange un dixième pour 10 centièmes

Étapes 6 et 7 : *Divise les centièmes en 2 groupes égaux.*

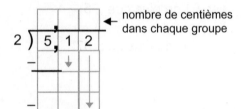

← nombre de centièmes
dans chaque groupe

← nombre de centièmes placés

← nombre de centièmes
qui restent

nombre de centièmes qui restent

2. Divise.

a) $3 \overline{)\,4{,}3\,2\,}$

b) $4 \overline{)\,6{,}2\,5\,}$

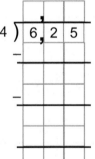

c) $5 \overline{)\,6{,}2\,3\,}$

d) $2 \overline{)\,3{,}3\,2\,}$

3. Divise.   a) $8 \overline{)\,1{,}44\,}$ b) $7 \overline{)\,9{,}4\,}$ c) $8 \overline{)\,2{,}72\,}$ d) $9 \overline{)\,6{,}13\,}$ e) $5 \overline{)\,20{,}5\,}$

4. Cinq pommes coutent 2,75 $. Combien chaque pomme coute-t-elle?

5. Karen parcourt 62,4 km à vélo en 4 heures.
    Combien de kilomètres a-t-elle parcouru en une heure?

6. Quatre amis gagnent un total de 29,16 $ en pelletant de la neige.
    Combien chaque ami a-t-il gagné?

7. Quel est la meilleure aubaine : 6 stylos pour 4,98 $ ou 8 pour 6,96 $?

8. James divise 3,4 m de corde en 6 parties égales. Chaque partie est un entier en décimètres.
    a) De quelle longueur est chaque partie? b) Combien de décimètres de corde reste-t-il?

Logique numérale 2

NS6-91: Les différences de 0,1, 0,01, et 0,001

1. Complète l'addition.

    a) ,74 + ,1 = _____   b) ,23 + ,1 = _____   c) ,09 + ,1 = _____

    d) ,79 + ,1 = _____   e) ,50 + ,01 = _____   f) 2,79 + ,01 = _____

    g) 3,056 + ,001 = _____   h) 0,009 + ,001 = _____   i) 2,372 + ,01 = _____

2. Trouve le chiffre qui manque.

    a) _____ est ,1 de plus que ,4   b) _____ est ,1 de plus que 0,9

    c) _____ est ,1 de plus que 3,25   d) _____ est ,01 de plus que ,75

    e) _____ est ,01 de plus que ,79   f) _____ est ,001 de plus que ,372

3. Complète l'équation.

    a) 2,34 + _____ = 2,35   b) 3,75 + _____ = 3,85   c) 8,07 − _____ = 8,06

    d) 6,92 − _____ = 6,82   e) 3,957 + _____ = 3,967   f) 7,852 + _____ = 7,853

4. Ajoute les nombres qui manquent sur la droite numérique.

    a)

    7,0   8,0

    b)

    3,15   3,25

    c)

    7,253   7,263

5. Continue les régularités.

    a) ,3, ,4, ,5, _____, _____, _____   b) 9,6, 9,7, 9,8 , _____, _____, _____

    c) 2,5, 2,6, 2,7, _____, _____, _____   d) 4,34, 4,35, 4,36, _____, _____, _____

    e) 2,96, 2,97, 2,98, _____, _____, _____   f) 1,234, 1,235 , _____, _____

6. Complète l'addition.

    a) 7,9 + ,1 = _____   b) 2,9 + ,1 = _____   c) 6,95 + ,1 = _____

    d) 2,69 + ,01 = _____   e) 3,99 + ,01 = _____   f) 7,299 + ,001 = _____

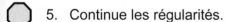

NS6-92: Arrondir et la valeur de position

1. Arrondis à l'entier le plus près.

   a) 26,408   b) 38,97   c) 59,962   d) 71,001

2. Arrondis au dixième le plus près.

   a) 26,54   b) 47,946   c) 49,874   d) 38,96

3. Estime en arrondissant à l'entier le plus près.

   a) 94,7 ÷ 5,2   b) 2,96 × 8,147   c) 4,51 × 0,86

   Estime.   Estime.   Estime.

   ☐ ÷ ☐ = ☐   ☐ × ☐ = ☐   ☐ × ☐ = ☐

4. Estime en arrondissant chaque nombre à l'entier le plus près. Utilise ton estimation pour dire quelles réponses sont raisonnables.

   a) 32,7 + 4,16 = 73,8   b) 0,7 × 8,3 = 5,81   c) 9,2 × 10,3 = 947,6

   d) 97,2 ÷ 0,9 = ,8   e) 88,2 ÷ 9,8 = 9   f) 54,3 − 18,6 = 35,7

5. Calcule chaque réponse de la question 4. Tes prédictions étaient-elles correctes?

6. On dit que 5,3 est précis au dixième. On peut arrondir tout nombre entre 5,25 et 5,34 à ce nombre. Quels nombres peut-on arrondir à 7,2?

7. Quelles mesures doivent être prises au dixième près?

   a) La hauteur d'un édifice (mètres).

   b) La distance des lancers du poids aux Jeux Olympiques (mètres).

   c) La longueur de la frontière Canada/États-Unis. (kilomètres).

8. Quelle quantité est représentée par le chiffre des dixièmes?

   a) 3,54 m   b) 6,207 km   c) 4,69 dm

   d) 4,6 million   e) 17,46 $ f) 83,4 cm

 Logique Numérale 2

 jump math
MULTIPLYING POTENTIAL.

NS6-93: Révision des nombres décimaux

La grandeur d'un unité de mesure dépend de l'unité qui a été choisie comme <u>entier</u>.

un millimètre est un **dixième** d'un centimètre,
mais seulement un **centième** d'un décimètre.
SOUVIENS-TOI : Un décimètre est 10 centimètres.

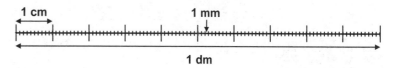

1. Fais un dessin, dans l'espace donné, qui illustre 1 dixième de chaque entier.

a)

1 entier   1 dixième

b)

1 entier   1 dixième

c)

1 entier   1 dixième

 2. Écris chaque mesure sous forme de fraction et sous forme de décimale.

a)   1 cm = $\dfrac{1}{10}$ dm = ___,1___ dm

b)   100 mm = ⬚ m = _____ m

c)   1 mm = ⬚ cm = _____ cm

d)   16 mm = ⬚ cm = _____ cm

e)   77 mm = ⬚ dm = _____ dm

f)   83 cm = ⬚ m = _____ m

3. Additionne les mesures en transformant les <u>petites unités</u> en <u>nombres décimaux plus grands</u> en premier.

a) 5 cm + 7,3 dm = __0,5 dm + 7,3 dm = 7,8 dm__

b) 5 cm + 3,2 dm = _____

c) 8 mm + 5,7 cm = _____

d) 33 cm + 1,64 m = _____

e) 685 cm + 12,3 m = _____

f) 982 cm + 1,5 m = _____

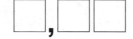 4. Écris un nombre décimal pour chaque description. Certaines questions ont plus d'une réponse.

a) Entre 4,31 et 4,34   ⬚,⬚⬚

b) Entre 2,60 et 2,70   ⬚,⬚⬚

c) Entre 13,75 et 13,8   ⬚⬚,⬚⬚

d) Entre 9,7 et 9,8   ⬚,⬚⬚

e) Un dixième plus grand que 5,23   ⬚,⬚⬚

f) Un centième moins grand que 4,00   ⬚,⬚⬚

Logique Numérale 2

5.   Additionne.

     a) $4\,000 + 300 + 7 + 0,01 =$ _____

     b) $20\,000 + 300 + 30 + 0,2 + ,04 =$ _____

     c) $300\,000 + 20\,000 + 5\,000 + 70 + 0,1 + 0,09 + 0,006 =$ _____

6.   Écris < ou > pour montrer quelle décimale est la plus grande.

     a)   4,9 ☐ 4,6   b)   3,45 ☐ 3,35   c)   1,9 ☐ 1,26   d)   0,7 ☐ 0,524

7.   Ajoute une décimale à chaque nombre afin que le chiffre **7** ait une valeur de $\frac{7}{10}$.

     a)   5 7 2   b)   1 0 7   c)   2 8 7 5 9   d)   7

8.   Utilise les chiffres 5, 6, 7 et 0 pour écrire un nombre entre les deux.

     a)   ,567 < _____ < ,576   b)   5,607 < _____ < 5,760

9.   Écris trois nombres décimaux entre ,3 et ,5 : _____ _____ _____

10. Écris −, +, ×, ou ÷ dans le cercle.

     a)   62,57 ◯ 10 = 72,57   b)   19,2 ◯ 10 = 192   c)   9 ◯ 10 = ,9

11. Écris les nombres décimaux en ordre, de la plus petite à la plus grande. Explique ta réponse pour c).

     a)   ,37   ,275   ,371   b)   ,007   ,07   ,7   c)   1,29   1,3   2,001

12. Utilise la droite numérique pour estimer quelle fraction se situe dans chaque écart.

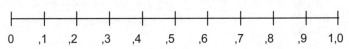

     0   ,1   ,2   ,3   ,4   ,5   ,6   ,7   ,8   ,9   1,0

     Fractions : $\frac{1}{2}$, $\frac{1}{3}$, $\frac{3}{4}$, $\frac{1}{10}$ Écarts :

A	B	C	D	E
0 to ,2	,2 to ,4	,4 to ,6	,6 to ,8	,8 to 1,0

13. 6 est-il une estimation raisonnable comme réponse à 8 × ,72? Explique.

14. Comment sais-tu que 10 × 87,3 est égal à 873 et non pas 8 730?

15. Transforme 1,25 heures en nombre fractionnaire simplifié et ensuite sous forme de minutes.

Réponds aux questions suivantes dans ton cahier de notes.

1. Explique comment changer 5,47 m en cm.
   INDICE : Combien de centimètres y a-t-il dans $\frac{47}{100}$ d'un mètre?

2. 0,68 $ est 6 dix cents et 8 cents.

   Pourquoi utilisons-nous la notation décimale pour l'argent?

   Un dix cents en un dixième de quoi?

   Un cent est un centième de quoi?

3. Lundi, la vitesse du vent était 26,7 km/h à Vancouver, 16,0 km/h mardi et 2,4 km/h mercredi. Quelle était la vitesse moyenne du vent pendant les 3 jours?

4. 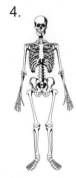 Le plus grand squelette humain mesure 2,7 m de haut et le plus petit mesure 60 cm de haut. Quelle est la différence entre les deux squelettes?

5.

Étoile	Distance du Soleil en années lumières
Alpha Centauri	4,3
Étoile de Barnard	6,0
L726-8	8,8
Sirius	9,5
61 Cigni	11,0

Une année lumière est 9,5 trillions de kilomètres.
NOTE : C'est la distance que parcourt la lumière en une année.

a) Si tu voyages du Soleil à l'étoile de Barnard, combien de trillions de km auras-tu parcouru?

b) Quelle étoile se situe à un peu plus de deux fois la distance entre le Soleil et Alpha Centauri?

6. La nourriture se déplace dans l'œsophages à une vitesse de ,72 km à l'heure.

   Combien de mètres par heure est-ce?

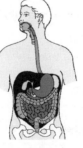

7. Écris les prix suivants en ordre, du plus petit au plus grand.
   Quelle est la différence entre le plus grand et le plus petit prix?
   INDICE : Change tous les prix en dollars par kilogramme.

 **A :** Cerises – 59 ¢ chaque 100 g

 **B :** Melon d'eau – 3,90 $ chaque kg

 C : Fraises – 0,32 $ chaque 100 g

 **D :** Bleuets – 3,99 $ chaque 500 g

NS6-95: Les taux unitaires

Un taux est une comparaison de deux quantités d'unités différents.

Dans un **taux unitaire**, une des quantités est égale à un.

Par exemple, « 1 pomme coute 30¢ » est un taux unitaire.

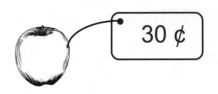

30 ¢

---

1. Ajoute l'information qui manque.

    a) 17 km en 1 heure

        _____ km en 3 heures

    b) 1 livre coute 4,95 $

        4 livres coutent _____

    c) 2 enseignants pour 75 étudiants

        6 enseignants pour _____

    d) 5 mangues coutent 4,95 $

        1 mangue coute _____

    e) 4 mangues coutent 12 $

        1 mangue coute _____

    f) 6 poires coutent 4,92 $

        1 poire coute _____

2. Trouve le taux unitaire.

    a) 4 kg de riz pour 60 tasses d'eau.

        1 kg de riz pour _____ tasses d'eau.

    b) 236 km en 4 heures.

        _____ km en 1 hr.

    c) 6 boites de jus coutent 1,98 $

        1 boite coute _____

3. Utilise une règles pour trouver la hauteur de chaque animal. (Un centimètre vaut en réalité 50 cm.)

    a)

    Hauteur de l'image en cm : _____

    Kangourou

    Hauteur de l'animal en m : _____

    b)

    Hauteur de l'image en cm : _____

    Hauteur de l'animal en m : _____

    Cheval

    c)

    Hauteur de l'image en cm : _____

    Hauteur de l'animal en m : _____

    Girafe

4. Ron gagne 66 $ pour garder pendant six heures.
    Combien gagne-t-il en une heure?

    _____

5. Tina gagne 75 $ pour tondre des gazons pendant 5 heures.
    Combien gagne-t-elle en une heure?

    _____

Logique numérale 2

Un **ratio**, ou **rapport**, est la comparaison entre deux nombres.

1.

   a) Le ratio des lunes aux cercles est _____ :_____   b) Le ratio des triangles aux lunes est _____ : _____

   c) Le ratio des cylindres aux carrés est _____ : _____   d) Le ratio des carrés aux cercles est _____ : _____

   e) Le ratio des carrés aux lunes est _____ : _____   f) Le ratio des carrés aux figures est _____ : _____

2. Écris le nombre de voyelles comparativement au nombre de consonnes dans les mots suivants.

   a) pomme   _2_ : _3_   b) banane   ____ : ____

   c) orange   ____ : ____   d) poire   ____ : ____

3. Écris le ratio des longueurs.

   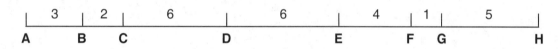

   a) AB à DE _____ : _____   b) BC à CD _____ : _____   c) EF à FG _____ : _____

   d) EF à BC _____ : _____   e) AB à GH _____ : _____   f) CD à FG _____ : _____

4. Pour faire du punch, tu as besoin de …

   ● 4 L de boisson gazeuse   ● 2 L de jus d'orange   ● 3 L de jus de mangue

   Quel est le ratio de boisson gazeuse dans le punch?

   _____

5.

   a) Que décrit le ratio 2 : 3 dans la régularité ci-dessus?

   _____

   b) Que décrit le ratio 5 : 10 ?

   _____

6. Fais un modèle ou un dessin qui illustre le ratio 3 : 4.

NS6-97: Les ratios équivalents

1. Cette image montre le entre les pommes et les bananes sur l'étagère d'un épicerie :

   8 pommes pour chaque 6 bananes

   OU

   4 pommes pour chaque 3 bananes.

   Regroupe les fruits pour montrer deux ratios équivalents.

   a)

   _____ pour _____

   ou _____ pour _____

   b)

   _____ pour _____

   ou_____ pour _____

2. En commençant avec le ratio de 2 triangles pour 3 carrés, Talia a créé un séquence de ratios équivalents. Ajoute les figures et les ratios qui manquent.

Triangles	△ △	△ △ △ △	△ △ △ △ △ △	
Carrés	□ □ □	□ □ □ □ □ □		□ □ □ □ □ □ □ □ □ □ □ □
Ratio	2 : 3			

3. En commençant avec le ration donné, écris une séquence de cinq ratios qui sont tous équivalents.

   a) 3 : 4 = 6 : 8 = ___ : ___ = ___ : ___ = ___ : ___

   b) 2 : 5 =

4. Trouve les nombres qui manquent. a) 3 : 4 = ___ : 8   b) 5 : 7 = 10 : ___   c) 2 : 5 = ___ : 25

Une recette de granola requiert 2 tasses de raisins pour chaque 3 tasse de flocons d'avoine. Combien de tasses de raisin Eschi aura-t-elle besoins pour faire 12 tasses de granola. Elle écrit une séquence de ratios equivalents pour le trouver. **NOTE : Elle multiplie les deux termes du ratio 2 : 3 par 2, puis par 3, puis par 4.**

2 : 3 = 4 : 6 = 6 : 9 = 8 : 12

Eschi a besoin de 8 tasses de raisins.

---

5. Résous chaque problème en écrivant une séquence de ratios équivalents (comme dans l'exemple).

   a) Une recette requiert 5 tasses de flocons d'avoine pour 3 tasses de raisins.
      Combien de tasses de flocons d'avoine sont nécessaires pour 12 tasses de raisins?

   b) 2 cm sur une carte représentent 11 km.
      Combien de km 8 représentent-ils?

   c) Six billets d'autobus coutent 5 $.
      Combien couteront 18 billets?

Il y a 3 garçons pour 2 filles dans une classe de 20 enfants.

Pour trouver combien de garçons il y a dans la classe, écris une séquence de ratios.

3 garçons : 2 filles = 6 garçons : 4 filles = 9 garçons : 6 filles = 12 garçons : 8 filles

12 garçons + 8 filles = 20 étudiants. Il y a 12 garçons dans la classe. *Arrête quand la somme des termes du ratio est 20.*

1. Écris une séquence de ratios pour résoudre chaque problème. Le premier est déjà fait.

a) Il y a 5 garçons pour 4 filles dans une classe de 27 enfants.
   Combien de filles y a-t-il dans la classe?

   5 : 4 = 10 : 8 =

b) Il y a 3 poissons rouges pour 5 poissons bleus dans un aquarium.
   S'il y a 24 poissons, combien y en a-t-il de bleus?

c) Une recette de punch requiert 3 L de jus d'oranges pour 2 litres de jus de mangues. Combien de litres de jus d'oranges sont requis pour faire 15 litres de punch?

---

5 billets de métro coutent 4 $. Kyle veut savoir combine vont couter 20 billets. Il écrit le ratio de billet à dollars en fraction. Il trouve ensuite la fraction équivalente en multipliant :

Étape 1 :

$$\frac{4}{5} = \frac{?}{20}$$

Étape 2 :

$$\frac{4}{5} = \frac{}{20}$$

Étape 3 :

$$\frac{4}{5} \overset{\times 4}{\underset{\times 4}{=}} \frac{}{20}$$

Étape 4 :

$$\frac{4}{5} \overset{\times 4}{\underset{\times 4}{=}} \frac{16}{20}$$

---

2. Résous les ratios suivants. Fais des flèches pour montrer par quoi tu multiplies.

a) $\frac{3}{4} \overset{\times 5}{\underset{\times 5}{=}} \frac{}{20}$

b) $\frac{1}{5} = \frac{}{25}$

c) $\frac{2}{5} = \frac{}{20}$

d) $\frac{6}{7} = \frac{}{35}$

e) $\frac{3}{4} = \frac{}{16}$

f) $\frac{2}{3} = \frac{}{12}$

g) $\frac{15}{25} = \frac{}{100}$

h) $\frac{5}{9} = \frac{}{45}$

BONUS

NOTE : Les flèches peuvent parfois pointer de gauche à droite, comme dans les questions ci-dessous.

3. a) $\frac{15}{} \overset{\times 5}{\underset{\times 5}{=}} \frac{3}{4}$

b) $\frac{10}{} = \frac{2}{5}$

c) $\frac{9}{} = \frac{3}{7}$

d) $\frac{10}{15} = \frac{}{3}$

e) $\frac{4}{5} = \frac{}{15}$

f) $\frac{2}{3} = \frac{}{9}$

g) $\frac{}{45} = \frac{2}{5}$

h) $\frac{}{20} = \frac{7}{10}$

NS6-99: Problèmes écrits (avancés)

Dans une animalerie, il y a 3 chats pour 2 chiens. S'il y a 12 chats, combien de chiens y a-t-il?

Solution :

Étape 1 :
Écris, en fraction, le ratio des deux choses qui sont comparées.

$$\frac{3}{2}$$

Étape 2 :
Écris, en mots, ce que représentent chaque nombre.

chats $\frac{3}{2}$
chiens

Étape 3 :
Sur l'autre côté du signe égal, écris les *mêmes* mots, sur le *même* niveau.

chats $\frac{3}{2}$ = —— chats
chiens   chiens

Étape 4 :
Relis la question afin de déterminer quelle quantité (ex : nombre de chats et chiens) est déjà donné (dans ce cas, chats) – et place cette quantité au bon niveau.

chats $\frac{3}{2}$ = $\frac{12}{\quad}$ chats
chiens   chiens

Étape 5 :
Résous le ratio.

 Réponds aux questions suivantes dans ton cahier de notes.

1. Dans un bol de fruits, il y a 2 pommes pour 3 oranges.
   Si il y a 9 oranges, combien de pommes y aura-t-il ?

2. Cinq billets d'autobus coutent 3 $.
   Combien de billets d'autobus peux-tu acheter avec 9 $?

3. Une équipe de basketball a gagné 2 de chacune des 3 parties qu'elle a jouées.
   Elle a joué 15 parties en tout. Combien de parties a-t-elle gagné?
   NOTE : Les quantités sont les « parties gagnés » et les « parties jouées ».

4. Pour faire du punch aux fruits, tu mélanges de jus d'orange avec 2 litres de jus de pamplemousse. Si tu as 3 litres de jus d'orange, combien de litres de pamplemousse auras-tu besoin?

5. Nora peut courir 3 tours en 4 minutes.
   À ce rythme, combien de tours peut-elle courir en 12 minutes?

6. Le ratio de garçons et de filles dans une classe est 4 : 5.
   S'il y a 20 garçons, combien y aura-t-il de filles?

7. 2 cm sur une carte représentent 5 km dans la vraie vie.
   Si un lac mesure 6 cm de long sur une carte, quelle est sa grandeur réelle?

Tony peut peindre 3 murs en $\frac{1}{2}$ heure. Il veut savoir combien de murs il peut peindre en 5 heures.

Il doit d'abord changer le ratio $\frac{1}{2}$: 3 en un format plus pratique en doublant les deux termes du ratio.

$\frac{1}{2}$ heure : 3 murs = 1 heure : 6 murs

Il doit ensuite multiplier chaque terme par 5.

1 heure : 6 murs = 5 heures : 30 murs

Tony peut peindre 30 murs en 5 heures.

----

1. Change chaque ratio afin que la fraction de gauche devienne un nombre entier.

   a) $\frac{1}{2}$ heure : 2 km marchés =

   b) $\frac{1}{4}$ tasse de farine : 2 tasses de patates =

   c) $\frac{1}{3}$ heure : 3 km ramés =

   d)  $\frac{1}{3}$ tasse de raisins : 2 tasses de flocons d'avoine =

   e)  0,3 km : 1 litre d'essence =

   f)   1,7 L de boisson gazeuse : 0,3 L de jus d'orange =
   INDICE : Multiplie chaque terme par 10 pour ce ratio.

2. Résous chaque problème en changeant le ratio dans un format plus pratique.

   a) Rhonda fait 3 km de vélo en $\frac{1}{4}$ d'heure. Quelle distance peut-elle parcourir en 2 heures?

   b) Une plante pousse de 3 cm en 4 jours. Combien de jours lui faudrait-elle pour atteindre 6 cm?

3. 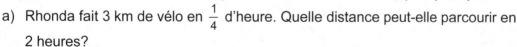 Combien de ratios équivalents peux-tu écrire pour cette matrice?

4. Écris, pour chaque ratio ci-dessous, un ratio équivalent dont un des termes est égal à 20.

   a) 4 : 6   b) 3 : 5   c) 4 : 5   d) 10 : 30

5. Dans une classe de 30 étudiants, il y a 10 filles. Explique pourquoi le ratio de filles et garçons est 1 : 2.

NS6-101: Les pourcentages

Un **pourcentage** (pour cent) est un ratio qui compare un nombre à 100.

Le terme « pour cent » veut dire « sur 100 » ou « pour chaque 100 ». Par exemple, 84% dans un test veut dire 84 sur 100.

Tu peux penser au pourcentage comme une forme abrégée d'une fraction avec 100 comme dénominateur, ex. $45\% = \dfrac{45}{100}$

----

1. Écris les pourcentages suivants sous forme de fraction.

   a) 7%   b) 92%   c) 5%   d) 15%

   e) 50%   f) 100%   g) 2%   h) 7%

2. Écris les fractions suivantes sous forme de pourcentage.

   a) $\dfrac{2}{100}$ b) $\dfrac{31}{100}$ c) $\dfrac{52}{100}$ d) $\dfrac{100}{100}$

   e) $\dfrac{17}{100}$ f) $\dfrac{88}{100}$ g) $\dfrac{2}{100}$ h) $\dfrac{1}{100}$

3. Écris les nombres décimaux suivantes sous forme de pourcentage en les transformant en fractions en premier. La première est déjà faite pour toi.

   a) $,72 = \dfrac{72}{100} = 72\%$ b) $,27$ c) $,04$

4. Écris une fraction en pourcentage en la changeant en fraction sur 100. La première est déjà faite.

   a) $\dfrac{3 \;^{\times 20}}{5 \;_{\times 20}} = \dfrac{60}{100} = 60\,\%$ b) $\dfrac{2}{5}$

   c) $\dfrac{4}{5}$ d) $\dfrac{1}{4}$

   e) $\dfrac{3}{4}$ f) $\dfrac{1}{2}$

   g) $\dfrac{3}{10}$ h) $\dfrac{7}{10}$

   i) $\dfrac{17}{25}$ j) $\dfrac{7}{20}$

   k) $\dfrac{3}{25}$ l) $\dfrac{19}{20}$

   m) $\dfrac{23}{50}$ n) $\dfrac{47}{50}$

5. Écris les nombres décimaux suivantes en pourcentage. La première est déjà faite pour toi.

a) $,2 = \dfrac{2}{10} \overset{\times 10}{\underset{\times 10}{}} = \dfrac{20}{100} = 20\%$

b) $,5$

c) $,7$

d) $,9$

6. Quel pourcentage de la figure est ombragé?

a)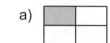

b)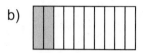

c)

d)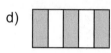

7. Change les fractions en pourcentage en la simplifiant en premier.

a) $\dfrac{9}{15} \overset{\div 3}{\underset{\div 3}{}} = \dfrac{3}{5} = \dfrac{3}{5} \overset{\times 20}{\underset{\times 20}{}} = \dfrac{60}{100} = 60\%$

b) $\dfrac{12}{15}$

c) $\dfrac{3}{6}$

d) $\dfrac{7}{35}$

e) $\dfrac{21}{28}$

f) $\dfrac{18}{45}$

g) $\dfrac{12}{30}$

h) $\dfrac{10}{40}$

i) $\dfrac{20}{40}$

j) $\dfrac{16}{40}$

k) $\dfrac{60}{150}$

l) $\dfrac{45}{75}$

1. Complète le tableau suivant.

Dessin		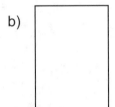		
Fraction	$\frac{23}{100}$	$\frac{}{100}$	$\frac{45}{100}$	$\frac{}{100}$
Décimale	0, 2 3	0,__ __	0,__ __	0,81
Pourcentage	23%	63%	____ %	____ %

Utilise une règle pour les questions 2 à 5.

2. Colorie 50% de chaque boite.

a)   b)   c)

3. Colorie 25% de chaque boite.

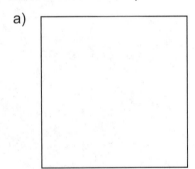

a)   b)

4. Le triangle est 50% d'un parallélogramme. Montre à quoi ressemblerait 100%.

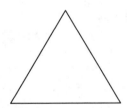

5. Colorie 50% du rectangle en bleu, 40% en rouge, et 10% en vert.

6. a) Écris une fraction pour la partie ombragée: _____

   b) Écris une fraction avec un dénominateur de 100 : _____

   c) Écris une décimale et un pourcentage pour la partie ombragée :

   _____ _____

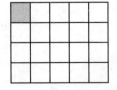

(suite)

7. Écris une fraction et un pourcentage pour chaque division sur la droite numérique.

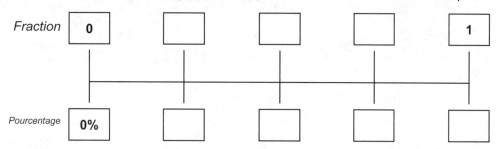

| Fraction | 0 | | | | 1 |

| Pourcentage | 0% | | | | |

8. Fais un trait pour montrer 25%, 50% et 75% de chacune des lignes suivantes.

a) _____ b) _____

c) _____ d) _____

9. Prolonge chaque ligne afin de montrer 100%.

a) |———— 50% ————|

b) |— 25% —|

c) |— 20% —|

d) |———— 75% ————|

e) |——————————|
0%   60%

f) |——————————————|
0%   80%

g) |——|
0% 10%

h) |————————|
0%   50%

10. Estime le pourcentage de chaque ligne représenté par le X.

a) |———————X———|
0%   100%

b) |——X————————|
0%   100%

11. Fais un dessin <u>brouillon</u> du plan d'étage d'un musée.

Les différente collections devraient occuper les quantités d'espace suivantes :

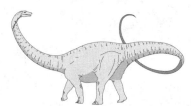

* Dinosaures   40%
* Animaux   20%
* Roches et minéraux   10%
* Anciens artéfacts   20%

Les salles de bains devraient occuper 10% du plan d'étage final.

12. L'Asie occupe 30% de la surface terrestre du monde.
Avec un globe, compare la grandeur de l'Asie à celle de l'Australie.
Approximativement quel pourcentage de la surface terrestre du monde l'Australie occupe-t-elle?

NS6-103: Comparer les nombres décimaux, les fractions et les pourcentages

1. Choisis le pourcentage, de la liste ci-dessous, qui est le plus près de chaque fraction.

| 10% | 25% | 50% | 75% | 100% |

a) $\frac{3}{5}$ _____   b) $\frac{4}{5}$ _____   c) $\frac{2}{5}$ _____   d) $\frac{2}{10}$ _____

e) $\frac{1}{10}$ _____   f) $\frac{4}{10}$ _____   g) $\frac{9}{10}$ _____   h) $\frac{4}{25}$ _____

i) $\frac{11}{20}$ _____   j) $\frac{16}{20}$ _____   k) $\frac{37}{40}$ _____   l) $\frac{1}{12}$ _____

2. Écris <, > ou = entre les paires de nombres suivants. La première est déjà faite pour toi.
   INDICE : Change chaque paire de nombres en paire de fractions avec le même dénominateur.

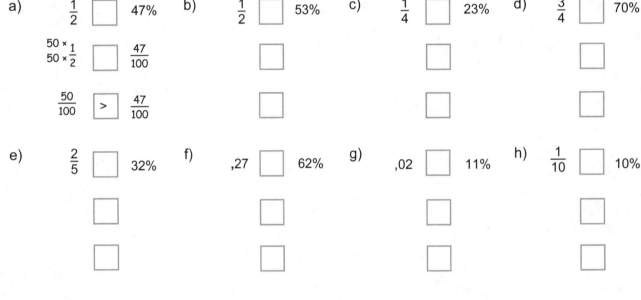

a) $\frac{1}{2}$ ☐ 47%   b) $\frac{1}{2}$ ☐ 53%   c) $\frac{1}{4}$ ☐ 23%   d) $\frac{3}{4}$ ☐ 70%

$\frac{50 \times 1}{50 \times 2}$ ☐ $\frac{47}{100}$

$\frac{50}{100}$ ☐> $\frac{47}{100}$

e) $\frac{2}{5}$ ☐ 32%   f)   ,27 ☐ 62%   g)   ,02 ☐ 11%   h) $\frac{1}{10}$ ☐ 10%

i) $\frac{19}{25}$ ☐ 93%   j) $\frac{23}{50}$ ☐ 46%   k)   ,9 ☐ 10%   l) $\frac{11}{20}$ ☐ 19%

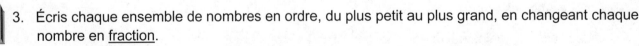

3. Écris chaque ensemble de nombres en ordre, du plus petit au plus grand, en changeant chaque nombre en <u>fraction</u>.

a) $\frac{3}{5}$, 42% , ,73   b) $\frac{1}{2}$, ,73 , 80%

c) $\frac{1}{4}$, ,09 , 15%   d) $\frac{2}{3}$, 57% , ,62

0

NS6-104: Trouver les pourcentages

Si tu utilises un cube de mille pour représente 1 entier, tu peux voir que prendre $\frac{1}{10}$ d'un nombre est la même chose que de le diviser par 10 – la décimale se déplace d'un espace vers la gauche.

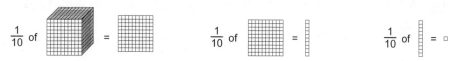

$\frac{1}{10}$ of 1 = ,1 $\frac{1}{10}$ of ,1 = ,01 $\frac{1}{10}$ of ,01 = ,001

---

1. Trouve $\frac{1}{10}$ nombres suivants en déplaçant la décimale. Écris tes réponses dans les boites.

   a) 4   b) 7   c) 32   d) 120   e) 3,8   f) 2,5

2. 10% est une abréviation pour $\frac{1}{10}$. Trouve 10% des nombres suivants.

   a) 9   b) 5,7   c) 4,05   d) 6,35   e) ,06   f) 21,1

3. Tu peux trouver des pourcentages qui sont des multiples de 10 comme ceci.

Exemple :   Trouver 30% de 21 est la même chose que de trouver 10% de 21 et de multiplier le résultat par 3.

      <u>Étape 1</u> :   10% de 21 = $\boxed{2,1}$

      <u>Étape 2</u> : $3 \times \boxed{2,1} = 6,3$ → alors 30% de 21 = 6,3

Trouves les pourcentages en utilisant la méthode ci-dessus.

   a) 40% de 15

     i)   10% de 15 = ☐

     ii)   4 × ☐ = _____

   b) 60% de 25

     i)   10% de _____ = ☐

     ii)   _____ × ☐ = _____

   c) 90% de 2,3

     i)   10% de _____ = ☐

     ii)   _____ × ☐ = _____

   d) 60% de 35

     i)   10% de _____ = ☐

     ii)   _____ × ☐ = _____

   e) 40% de 24

     i)   10% de _____ = ☐

     ii)   _____ × ☐ = _____

   f) 20% de 1,3

     i)   10% de _____ = ☐

     ii)   _____ × ☐ = _____

Logique numérale 2

NS6-105: Trouver les pourcentages (avancé)

35% est une abréviation de $\frac{35}{100}$. Pour trouver 35% de 27, Sadie calcule $\frac{35}{100}$ de 27.

Étape 1 : Elle multiplie 27 par 35.

	2	3
		2	7
×	3	5
1	3	5
8	1	0
9	4	5

Étape 2 : Elle divise le résultat par 100.

945 ÷ 100 = 9,45

Alors 35% de 27 est 9,45.

----

1. Trouve les pourcentages suivants en utilisant la méthode de Sadie.

   a) 45% de 32

   Étape 1 :

   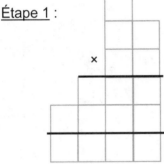

   Étape 2 :

   _____ ÷ 100 =

   Alors _____ de _____ est _____.

   b) 28% of 63

   Étape 1 :

   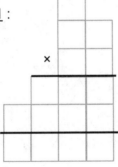

   Étape 2 :

   _____ ÷ 100 =

   Alors _____ de _____ est _____.

2. Trouve les pourcentages suivants en utilisant la méthode de Sadie.

   a) 13% de 9   b) 52% de 7   c) 65% de 8   d) 78% de 9

   e) 23% de 42   f) 17% de 68   g) 37% de 80   h) 62% de 75

3. 25% est égal à $\frac{1}{4}$ et 75% est égal à $\frac{3}{4}$. Trouve ...

   a) 25% de 80   b) 25% de 280   c) 25% de 12   d) 75% de 20   e) 75% de 320

NS6-106: Les pourcentages : problèmes écrits

1. Trouve le pourcentage qui manque dans la collection de timbres de chaque enfant.
   INDICE : Change toutes les fractions en pourcentage.

a) Collection d'Anne :

Canada	États-Unis	Autre
40%	$\frac{1}{2}$	
= 40%	= 50%	= 10%

b) Collection de Brian :

Canada	Angleterre	Autre
80%	$\frac{1}{10}$	

c) Collection de Juan :

Mexique	États-Unis	Autre
$\frac{1}{2}$	40%	

d) Collection de Lanre :

Canada	Nigeria	Autre
22%	$\frac{3}{5}$	

e) Collection de Faith :

Jamaïque	Canada	Autre
$\frac{3}{4}$	15%	

f) Collection de Carlo :

France	Italie	Autre
$\frac{3}{4}$	10%	

2. Un peintre dépense 500,00 $ pour du matériel d'art. Complète le tableau

	Fraction du montant dépensé	Pourcentage du montant dépensé	Montant dépensé
Pinceaux			50,00 $
Peinture	$\frac{4}{10}$		
Toiles		50%	

3. Indra fait des devoirs pendant 1 heure. Ce tableau montre le temps passé sur chaque matière.

   a) Complète le tableau.

   b) Comment as-tu trouvé la quantité de temps passée à faire des maths?

Matière	Fraction de 1 heure	Pourcentage de 1 heure	Décimale	Nombre de minutes
Anglais	$\frac{1}{4}$		,25	15
Science	$\frac{1}{20}$	5%		
Math		50%		
Français			,20	

4. Roger veut acheter un paquet de cartes qui coute 8,00 $. Il y a 15% de taxe. Combien a-t-il payé en taxes?

5. Il y a 15 garçons et 12 filles dans une classe. $\frac{3}{4}$ des filles et 60% des garçons ont les cheveux noirs. Combien d'enfants ont les cheveux noirs?

Beaucoup de gens utilisent des pourcentages pour illustrer des données.

Rita a demandé à 100 élèves de 6ᵉ année de deux différentes villes quel est leurs port préféré.

Sport préféré	
baseball	32%
soccer	41%
hockey	16%
autre	11%

Elle utilise un cercle divisé en 100 parties égales pour montrer ses résultats.

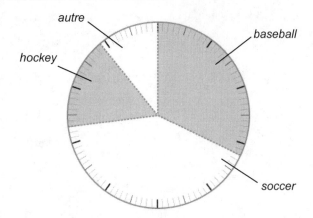

1. a) Quel pourcentage des élèves qui aime chaque sport dans chaque ville? Complète le tableau.

Ville A

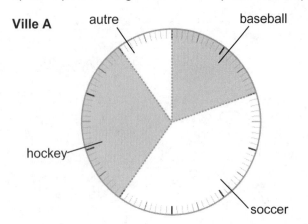

Ville B

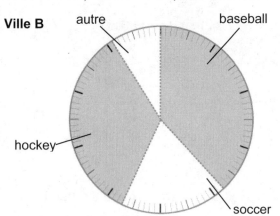

	baseball	soccer	hockey	autre	total
Ville A					
Ville B					

b) Quel est le pourcentage total pour chaque ville? Pourquoi cela a-t-il du sens?

2. Gisela a copié les pourcentages suivants à partir d'un diagramme circulaire qu'elle a trouvé à l'internet.

Sport préféré			
baseball	soccer	hockey	autre
48%	21%	26%	9%

Comment peux-tu voir qu'elle a fait une erreur?

NS6-107: Les diagrammes circulaires *(suite)*

3. Calli et Bilal vont à des écoles différentes. Elles ont fait un sondage auprès des élèves de 6e année de leur école à propos de leurs sujets préférés.

École de Calli	
Sujet	**Nombre d'élèves**
Science	10
Arts langagiers	20
Éducation physique	140
Autre	30

École de Bilal	
Sujet	**Nombre d'élèves**
Science	20
Arts langagiers	15
Éducation physique	5
Autre	10

a) Combien d'élèves ont participé au sondage de Calli? _____ Au sondage de Bilal? _____

b) Trouve la fraction des élèves dans chaque école qui aime chaque sujet.
Transforme la fraction en fraction équivalente sur 100 et change-la ensuite en pourcentage.

Exemple : $\dfrac{\text{Nombre d'élèves qui aiment les sciences à l'école de Calli}}{\text{Nombre d'élèves à l'école de Calli}} = \dfrac{10}{200} = \dfrac{5}{100} = 5\%$

c) Complète le diagramme circulaire pour montrer les pourcentages que tu as calculés à b).

École de Calli

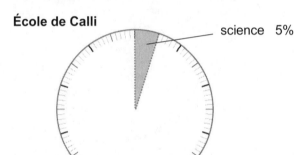

science 5%

École de Bilal

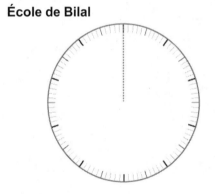

d) Il y a plus d'élèves à l'école de Calli qui aiment les arts langagiers qu'à l'école de Bilal. Pourquoi ton diagramme circulaire ne montre-t-il pas cela?

4. Environ quel pourcentage de chaque cercle est ombragé?

a)

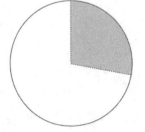

b)

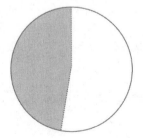

c)

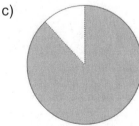

NS6-108: Les fractions, les ratios et les pourcentages

1. Écris le nombre de filles (**f**), garçons (**g**), et enfants (**e**) dans chaque classe.

    a) Il y a 8 garçons et 5 filles dans une classe.   **f** : _____   **g** : _____   **e** : _____

    b) Il y a 4 garçons et 7 filles dans une classe.   **f** : _____   **g** : _____   **e** : _____

    c) Il y a 12 garçons et 15 filles dans une classe.   **f** : _____   **g** : _____   **e** : _____

    d) Il y a 9 filles dans une classe de 20 enfants.   **f** : _____   **g** : _____   **e** : _____

    e) Il y a 7 garçons dans une classe de 10 enfants.   **f** : _____   **g** : _____   **e** : _____

2. Écris le nombre de garçons, filles et enfants dans chaque classe.

    Écris la fraction des enfants qui sont des filles et la fraction qui sont des garçons dans la boite.

    a) Il y a 5 garçons et 6 filles dans une classe.   **f** : ____ ☐   **g** : ____ ☐   **e** : ____

    b) Il y a 15 enfants dans la classe. 8 sont des garçons. **f** : ____ ☐   **g** : ____ ☐   **e** : ____

3. Écris la fraction des enfants qui sont des filles et la fraction qui sont des garçons

    a) Il y a 5 garçons et 12 enfants dans la classe.   **f** : ☐   **g** : ☐

    b) Il y a 3 garçons et 2 filles dans la classe.   **f** : ☐   **g** : ☐

    c) Il y a 9 filles et 20 enfants dans la classe.   ☐   ☐

    d) Le ratio garçons : filles dans la classe est 5 : 9.   **f** : ☐   **g** : ☐

    e) Le ratio filles : garçons dans la classe est 7 : 8.   **g** : ☐   **f** : ☐

    f) Le ratio garçons : filles dans la classe est 10 : 11 .   **g** : ☐   **f** : ☐

4. Détermine, selon l'information donnée, le nombre de filles et de garçons dans chaque classe.

    a) Il y a 20 enfants dans une classe. $\frac{2}{5}$ sont des garçons. b) Il y a 42 enfants. $\frac{3}{7}$ sont des filles.

    c) Il y a 15 enfants.   d) Il y a 24 enfants.

        Le ratio filles : garçons est 3 : 2.   Le ratio filles : garçons est 3 : 5.

5. Trouve le nombre de garçons et filles dans chaque classe.

a) Dans la classe A, il y a 25 enfants : 60% sont des filles.

b) Dans la classe B, il y a 28 enfants. Le ratio garçons : filles est 3 : 4.

c) Dans la classe C, il y a 30 enfants. Le ratio garçons : filles est 1 : 2.

6. Dis, pour chaque question ci-dessous, quelle classe a le plus de filles.

a) Dans la classe A, il y a 40 enfants. 60% sont des filles.

Dans la classe B, il y a 36 enfants. Le ratio garçons : filles est 5 : 4.

b) Dans la classe A, il y a 28 enfants. Le ratio garçons : filles est 5 : 2.

Dans la classe B, il y a 30 enfants. $\frac{3}{5}$ des enfants sont des garçons.

7. Dans le mot "Whitehorse" …

a) … quel est le ratio de voyelles par consonnes?

b) … quelle fraction des lettres sont des voyelles?

c) … quel pourcentage des lettres sont des consonnes?

8. Regarde le diagramme circulaire. Estime la fraction des animaux domestiques de chaque type selon le diagramme. Complète ensuite le tableau.

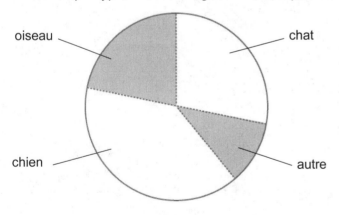

Animaux domestique		
Type	Fraction sur 100	Pourcentages
dog		
cat		
oiseau		
autre		

9. Écris les quantités en ordre, de la plus petite à la plus grande : $\frac{1}{20}$, 20% , 0,2. Montre ton travail.

10. Kevin a 360 cartes de hockey.

30% sont des cartes des Maple Leafs de Toronto, et $\frac{1}{2}$ des Canadiens de Montréal.

Les autres sont des cartes des Canucks de Vancouver.

Combien de cartes de chaque équipe a-t-il?

11. Quel pourcentage d'une règle d'un mètre, 37 cm représente-t-il? Explique.

NS6-109: La division à deux chiffres

1. Pour diviser un dividende à 3 chiffres par un diviseur à 2 chiffres, il faut commencer en estimant combien de fois le diviseur peut aller dans le nombre à diviser.

   Étape 1 : *Arrondis le DIVISEUR à la dizaine près et insère ce nombre dans le cercle.*

   Étape 2 : *Compte avec le premier chiffre du DIVISEUR arrondi pour voir combien de fois tu peux le mettre dans le DIVIDENDE. Écris ta réponse dans le carré.*

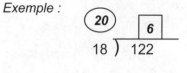

Exemple :

Étape 1 : Arrondis 18 → 20

Étape 2 : Trouve combien de fois tu peux mettre 20 dans 122, en comptant par bonds ou en vérifiant combien de fois 2 peut aller dans 12 (= 6).

a) 21) 195

b) 19) 142

c) 29) 243

d) 42) 353

e) 48) 265

f) 41) 256

g) 49) 378

h) 32) 268

i) 62) 274

j) 29) 196

k) 28) 195

2. Ensuite, multiplie le diviseur par le quotient.

   Étape 3 : *Multiplie le DIVISEUR par le quotient.*

   Étape 4 : *Écris le produit sous le DIVIDENDE.*

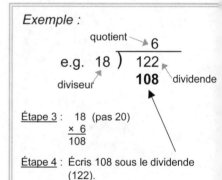

Exemple :

e.g. 18) 122 — quotient → 6, diviseur, dividende, **108**

Étape 3 : 18 (pas 20)
× 6
108

Étape 4 : Écris 108 sous le dividende (122).

a) 41)⁶ 256

b) 28)⁶ 195

c) 19)⁷ 142

d) 21)⁹ 195

e) 62)⁴ 274

f) 49)⁷ 378

g) 29)⁶ 196

h) 29)⁸ 243

i) 42)⁸ 353

j) 32)⁸ 268

k) 48)⁵ 265

3. Complète l'étape 5 pour <u>chaque</u> question avant de passer à l'étape 6.

Étape 5 : *Soustrais.*

Étape 6 : *Écris le reste au côté du QUOTIENT.*

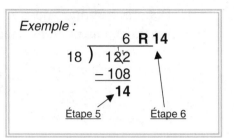

Exemple :

$$18 \overline{)\,1\overset{1}{2}2}\ \ \overset{6\ \ \textbf{R 14}}{}$$
$$-108$$
$$14$$

Étape 5   Étape 6

a)   42) 353   8
       − 336

b)   48) 265   5
       − 240

c)   49) 378   7
       − 343

d)   32) 268   8
       − 256

e)   62) 274   4
       − 248

f)   29) 196   6
       − 174

g)   28) 195   6
       − 168

h)   19) 142   7
       − 133

i)   41) 256   6
       − 246

j)   29) 243   8
       − 232

k)   21) 195   9
       − 189

4.   Étape 1 : *Arrondis le DIVISEUR à la dizaine près.*

   Étape 2 : *Compte avec le premier chiffre du DIVISEUR arrondit pour voir combien de fois tu peux le mettre dans le DIVIDENDE.*

   Étape 3 : *Multiplie le DIVISEUR par le quotient.*

   Étape 4 : *Écris le produit sous le DIVIDENDE.*

   Étape 5 : *Soustrais*

   Étape 6 : *Écris le reste à côté du QUOTIENT.*

a)   21) 156

b)   38) 249

c)   49) 358

d)   47) 326

e)   94) 419

f)   61) 559

g)   28) 192

h)   28) 219

i)   92) 293

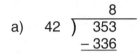

jump math
MULTIPLYING POTENTIAL

Logique numérale 2

1. Dis, pour chaque question, si l'estimation est trop haute ou trop basse.

a) $17 \overline{)\ 135}$ $-\ 102$ (quotient 6)

b) $23 \overline{)\ 129}$ $-\ 138$ (quotient 6)

Exemple :

$23 \overline{)\ 156}$ $-\ 161$ (quotient 7)
Nombre négatif !
ESTIMATION TROP HAUTE!

$16 \overline{)\ 123}$ $-\ 96$ (quotient 6)
27 *mais 27 > 16*
ESTIMATION TROP BASSE!

c) $17 \overline{)\ 121}$ $-\ 102$ (quotient 6)

d) $26 \overline{)\ 149}$ $-\ 104$ (quotient 4)

e) $44 \overline{)\ 362}$ $-\ 396$ (quotient 9)

f) $24 \overline{)\ 126}$ $-\ 144$ (quotient 6)

2. Corrige les questions dans l'espace donné, en calculant avec la nouvelle estimation.

a) $24 \overline{)\ 126}$ $-\ 144$ (quotient 6)
Nombre négatif!
TROP HAUTE!

$24 \overline{)\ 126}$

Exemple :

$23 \overline{)\ 156}$ $-\ 161$ (quotient 7)
Nombre négatif!

7 est trop haut, utilise 6 → **6 R18**
$23 \overline{)\ 156}$ $-\ 138$
18

ESTIMATION TROP HAUTE!

b) $26 \overline{)\ 149}$ $-\ 104$ (quotient 4)
45 *45 > 26*
TROP BASSE!

$26 \overline{)\ 149}$

c) $17 \overline{)\ 135}$ $-\ 102$ (quotient 6)
33 *33 > 17*
TROP BASSE!

$17 \overline{)\ 135}$

d) $34 \overline{)\ 263}$ $-\ 272$ (quotient 8)
Nombre négatif!
TROP HAUTE!

$34 \overline{)\ 263}$

e) $17 \overline{)\ 121}$ $-\ 102$ (quotient 6)
19 *19 > 17*
TROP BASSE!

$17 \overline{)\ 121}$

f) $23 \overline{)\ 129}$ $-\ 138$ (quotient 6)
Nombre négatif!
TROP HAUTE!

$23 \overline{)\ 129}$

g) $44 \overline{)\ 362}$ $-\ 396$ (quotient 9)
Nombre négatif!
TROP HAUTE!

$44 \overline{)\ 362}$

3. a) $86 \overline{)\ 4677}$ b) $76 \overline{)\ 8460}$ c) $62 \overline{)\ 2486}$ d) $36 \overline{)\ 4175}$

4. Un enseignant partage 360 biscuits entre 24 élèves.
Combien de biscuits chaque élève reçoit-il?

Réponds aux questions suivantes dans ton cahier de notes.

1. *Les météorologues* étudient la météo.

    La température, à l'ombre, la plus élevée au monde fut enregistrée en Libye en 1932. La température a atteint 58°C.

    a) Cette température fut enregistrée il y a combien d'années?

    b) Pendant l'été à Toronto, la température moyenne est 30°C.
        De combien de degrés la température enregistrée en Libye était-elle plus élevée?

    c) La température la plus basse enregistrée (en Antarctique) était − 89°C.
        Quelle est la différence entre la température enregistrée la plus basse et la plus haute?

2. Le saut qui a valu la médaille d'or olympique au saut en hauteur féminin était de 2,06 m.
    Celui pour la médaille d'argent 2,02 m.

    a) Arrondis les deux sauts au dixième près.

    b) Invente deux sauts qui peuvent êtres arrondis aux mêmes nombres (au dixième près).

    c) Pourquoi mesure-ton les sauts avec une telle précision aux Olympiques?

3. Les docteurs étudient le corps. Voici certains faits qu'un docteur pourrait connaitre.

    a) FAIT : « Le corps pompe environ 0,06 L de sang par battement. »
        Combien de fois le cœur doit-il battre pour pomper un litre de sang?

    b) FAIT : « Tout le sang passe par le cœur en une minute. »
        Combien de fois tout le sang passerait dans le cœur en une journée?

    c) FAIT : « Les os sont environ 15% de la masse du corps. »
        Combien pèseraient les os d'une personne de 62 kg?

    d) FAIT : « Le cerveau est fait de 85% d'eau. »
        Quelle fraction du cerveau n'est pas faite d'eau?

    e) FAIT : « Le type de sang le plus commun est le type O.

        45% des gens ont du sang de Type O. »

        Environ combien d'enfants dans une classe de 24 enfants ont du sang de type O?

Réponds aux questions suivantes dans ton cahier de notes.

1. 98% de l'Antarctique est recouverte de glace.

   Quelle fraction de l'Antarctique n'est pas recouverte de glace?

2. Une balle tombe d'une hauteur de 100 m.

   Chaque fois qu'elle touche le sol, elle bondit $\frac{3}{5}$ de la hauteur de laquelle elle est tombée. A quelle hauteur a-t-elle rebondi…

   a) au premier bond?

   b) au deuxième bond?

3. La pelure d'une banane pèse $\frac{1}{8}$ du poids total d'une banane.

   Si tu achètes 4 kg de bananes à 0,60 $ du kg …

   a) combien payes-tu pour la pelure?

   b) combien payes-tu pour la partie que tu peux manger?

4. Un ballon de soccer coûte 8,00 $.
   Si le prix monte de 0,25 $ chaque année, combien coutera la balle dans 10 ans?

5. Janice a gagné 28,35 $ en travaillant lundi.
   Mardi, elle a dépensé 17,52 $ pour un chandail.
   Il lui reste maintenant 32,23 $.
   Combien d'argent avait-elle avant de commencer le travail lundi?

6. Le service de taxi d'Anthony charge 2,50 $ pour le 1er kilomètre et 1,50 $ chaque km additionnel.
   Si Bob paye 17,50 $ en tout, combien de km a-t-il parcouru dans le taxi?

7. Il y a 3 immeubles à appartements dans un pâté de maisons.

   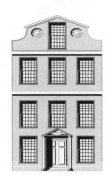

   - L'immeuble A a 50 appartements.
   - L'immeuble B a 50% plus d'appartements que l'immeuble A.
   - L'immeuble C a deux fois plus d'appartements que l'immeuble B.

   a) Combien d'appartements y a-t-il dans l'immeuble B et l'immeuble C?

   b) Combien d'appartements y a-t-il en tout dans les trois immeubles?

Réponds aux questions suivantes dans ton cahier de notes.

8. Six classes de l'école Queen Victoria vont aller patiner.

Il y a 24 élèves dans chaque classe. Les enseignants ont réservé 4 autobus qui peuvent transporter 30 élèves chacune. Y aura-t-il assez de place? Explique.

9. Cindy finit ses devoirs en 20 minutes : elle passe $\frac{2}{5}$ à faire des maths et $\frac{2}{5}$ du à faire de l'histoire.

   a) Combien de minutes a-t-elle passé à faire des maths et de l'histoire?

   b) Combien de minutes a-t-elle passé à faire d'autres sujets?

   c) Quel pourcentage du temps a-t-elle passé à faire d'autres sujets?

10. Combien de mois a un enfant de $1\frac{1}{2}$ ans?

11. Philip a donné 75% de ses cartes de hockey.

   a) Quelle fraction de ses cartes a-t-il gardé?

   b) Philip a mis le reste de ces cartes dans un album. Chaque page contient 14 cartes et il a rempli 23 pages.
   Combien de cartes a-t-il dans l'album?

   c) Combien de cartes avait-il avant de donner une partie de sa collection?

12. Trouve les nombres mystères.
   a) Je suis un nombre entre 15 et 25.
      Je suis un multiple de 3 et 4.

   b) Je suis un nombre entre 20 et 30.
      Mon chiffre de dizaines est 1 de moins que mon chiffre des unités.

   c) Je suis 60 quand on m'arrondit a la dizaine près. Je suis un nombre impair.
      La différence entre mes chiffres est 2.

13. Une boite pentagonale a un périmètre de 3,85 m. De quelle longueur chaque côté est-il?

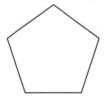

14. Tony paye 17,25 $ pour un cartable et 2,35 $ pour un stylo. Il paye 15% de taxes. Combien de monnaie lui revient-il de 25 $?

15. Tom paye 500 $ pour des meubles : il paye $\frac{3}{10}$ de l'argent pour une chaise, 50,00 $ pour une table et le reste pour un sofa.
   Quelle fraction et quel pourcentage du 500,00 $ a-t-il dépensé pour chaque item?

Si tu regardes une règle qui a des millimètres, tu peux voir que 1 cm est égal à 10 mm.

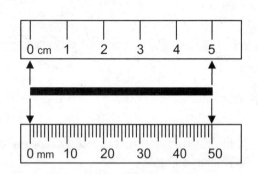

Mesure la ligne en mm et en cm.

La ligne mesure _____ cm de long, ou _____ mm de long.

Pour convertir une mesure de cm en mm, on doit multiplier la mesure par _____.

- -

1. Ton petit doigt est environ 1 cm ou 10 mm de large. Mesure les objets ci-dessous en utilisant ton petit doigt. Convertis ensuite tes mesures en mm.

   a)

   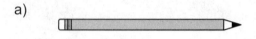

   b)

   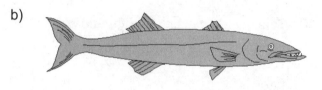

   Ce crayon mesure environ _____ petits doigts.

   Donc, ce crayon est environ _____ mm de long.

   Ce barracuda mesure environ _____ petits doigts.

   Donc, cette image est environ _____ mm de long.

2. Trouve la distance entre les deux flèches sur chaque règle.

   a)

   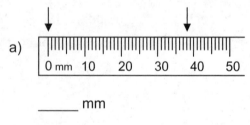

   _____ mm

   b)

   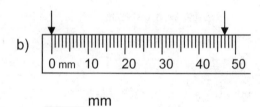

   _____ mm

3. Utilise une règle pour tracer les lignes suivantes au millimètre exact.

   a) Trace une ligne de 27 mm de long.

   b) Trace une ligne de 52 mm de long.

4. a) Quelle est la plus longue…

   i) la ligne A? ⟩————————⟨

   ou la ligne B? ⟨————————⟩

   _____

   ii) La hauteur du chapeau ou le rebord du chapeau?

   _____

   b) Mesure les longueurs en mm pour vérifier.

La mesure 2

5. Estime si chaque ligne mesure <u>moins</u> que 40 mm ou <u>plus</u> que 40 mm.
   Fais un crochet dans la colonne appropriée.
   Mesure ensuite la longueur réelle.

	Moins que 40 mm	Plus que 40 mm
a) ▬▬▬▬▬▬▬		
b) ▬▬		
c) ▬▬▬▬▬▬▬▬		

Longueurs réelles : a) _____ mm   b) _____ mm   c) _____ mm

6.

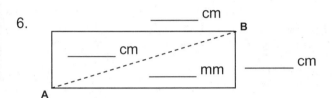

Mesure les côtés du rectangle (en cm).

Mesure ensuite la distance entre les deux coins diagonaux en cm et en mm.
NOTE : Ta réponse en cm sera un nombre décimal.

7. Combien de millimètres (mm) y a-t-il dans un centimètre (cm)? _____

8. Par quoi dois-tu <u>multiplier</u> ou changer une mesure de centimètres (cm) en millimètres (mm)?

_____

9. Écris les nombres qui manquent.

mm	cm
	13
	32

mm	cm
	8
	18

mm	cm
	213
	170

mm	cm
	9
	567

10. Par quoi dois-tu <u>diviser</u> pour changer une mesure de mm à cm? _____

    a) 50 ÷ 10 = _____   b) 80 ÷ 10 = _____   c) 3200 ÷ 10 = ____   d) 430 ÷ 10 = ____

    e) 460 mm = _____ cm   f) 60 mm = _____ cm   g) 580 mm = _____ cm

11. Convertis.   a) 4 cm = _____ mm   b) 18 cm = _____ mm   c) _____ cm = 130 mm

12. Encercle la plus grande des mesures de chacune des paires suivantes.
    Convertis, en premier, une des mesures afin que les deux unités soient pareilles.

    a) 5 cm   70 mm   b) 83 cm   910 mm   c) 45 cm   53 mm

    d) 2 cm   12 mm   e) 60 cm   6200 mm   f) 72 cm   420 mm

13. En utilisant ta règle, dessine une seconde ligne afin qu'il y ait la distance donnée entre les deux lignes.

		Distance entre les lignes	
		en cm	en mm
a)		4	40
b)		3	_____
c)		_____	80
d)		7	_____

14. Trace une ligne, dans l'espace donné, entre 5 et 6 cm de long.

De quelle longueur ta ligne est-elle, en mm? _____

15. Écris une mesure, en mm, qui est entre…

     a) 7 et 8 cm : ____ mm   b) 12 et 13 cm : _____   c) 27 et 28 cm : _____

16. Écris une mesure, qui est un nombre entier en cm et qui est entre…

     a) 67 mm et 75 mm : ___ cm   b) 27 mm et 39 mm : _____   c) 52 mm et 7 cm : _____

17. Trace une ligne, qui est un nombre entier, en centimètre, entre …

     a) 35 et 45 mm   b) 55 et 65 mm   c) 27 et 33 mm

18. Rebecca dit que 7 mm est plus long que 3 cm parce que 7 est plus grand que 3. A-t-elle raison?

19. Carl a un ensemble de bâtonnets : certains mesurent 7 cm de long et d'autres, 4 cm de long.

     Exemple : Ce dessin (qui n'est pas à l'échelle) montre comment
         tu peux aligner les bâtonnets pour mesurer 19 cm :   7 cm   4 cm   4 cm   4 cm

Fais un dessin qui montre comment Carl peut mesurer chaque longueur en alignant les bâtonnets.

     a) 8 cm   b) 11 cm   c) 22 cm   d) 26 cm   e) 25 cm

20. Montre comment Carl peut obtenir les mesures suivantes en utilisant ses bâtonnets
     INDICE : Tu peux soustraire si tu en a besoin.

     a) 3 cm   b) 1 cm   c) 20 mm   d) 50 mm   e) 17 cm

     BONUS :
     f) Peux-tu trouver deux solutions différentes pour chaque mesure?

ME6-9: Les décimètres

Un **décimètre** est une unité de mesure égale à 10 cm en longueur.

1 dm

| 0 cm | 1 | 2 | 3 | 4 | 5 | 6 | 7 | 8 | 9 | 10 |

1 cm

----

1. Fais un crochet dans la bonne colonne.

   INDICE : Tu peux te servir de l'illustration du haut de la page pour t'aider à estimer.

	Moins qu'un 1 dm	Plus qu'un 1 dm
Ma jambe		
La longueur d'une efface		
Mon crayon		
La hauteur de la classe		

2. 1 décimètre = _____ centimètres.

3. Un centimètre est quelle fraction d'un décimètre (dm)? _____

4. Par quel nombre dois-tu <u>multiplier</u> pour changer une mesure de dm à cm? _____

5. Par quel nombre dois-tu <u>diviser</u> pour changer une mesure de cm à dm? _____

6. Trouve les nombres qui manquent dans les tableaux suivants.

cm	dm
120	12
	31
	42

cm	dm
80	
	620
300	

cm	dm
530	
	1
950	

7. Trace une ligne, dans l'espace donné, qui mesure entre 1 et 2 décimètres de long.

   a) De quelle longueur ta ligne est-elle en cm?_____ b) De quelle longueur ta ligne est-elle en mm? ____

8. Écris une mesure, en cm, entre...

   a) 3 et 4 dm _____   b) 6 et 7 dm _____   c) 9 et10 dm _____

9. Écris une mesure, en dm, entre......

   a) 62 et 72 cm _____   b) 37 et 45 cm _____   c) 48 et 73 cm _____

10. Combien de dm y a-t-il dans 100 cm? _____

11. Il y a 10 mm dans un 1 cm. Il y a 10 cm dans 1 dm. Combien y a-t-il de mm dans un 1 dm? _____

ME6-10: Les mètres et les kilomètres

Un **mètre** est un unité de mesure pour la <u>longueur</u> (ou <u>hauteur</u> ou <u>épaisseur</u>) égale à 100 cm.

Un mètre mesure 100 cm de long.

Un **kilomètre** est un unité de mesure de longueur égale à 1 000 mètres.

- -

Voici certaines mesures que tu peux utiliser pour estimer en mètres.

*environ **2** mètres :*

la hauteur d'un
(grand) adulte

*environ **10** mètres :*

la longueur d'un
autobus scolaire

*environ **100** mètres :*

la longueur d'un
terrain de football

1. Trouve (ou pense à) un objet dans ta classe ou à l'extérieur qui est approximativement…

    a) 2 mètres de long _____   b) 3 mètres de long _____

2. Quatorze joueurs de basketball peuvent s'allonger d'un bout a l'autre d'un terrain de basketball.

    Quelle est la longueur du terrain en mètres? _____

3. a) Combien d'adultes peuvent s'allonger d'un bout a l'autre de la largeur de ta classe? _____

    b) Quelle est la largeur, approximative, de ta classe (en mètres)? _____

4. a) Environ combien d'autobus scolaires égalent la hauteur de ton école? _____

    b) Environ quelle hauteur est ton école (en mètres)? _____

5. Un pâté de maison de ta ville mesure environ environ 100 m de long.

    Nomme un endroit vers lequel tu peux marcher à partir de ton école : _____

    A combien de mètres approximativement de ton école se situe cet endroit? _____

6. La droite numérique représente 1 km. Inscris les distances suivantes sur la droite :

    A 200 m   **B** 50 m   **C** 550 m   **D** 825 m   **E** 110 m

    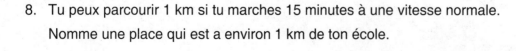

    0 km |_____| 1 km

7. Un kilomètre est environ combien de terrains de football de long?

8. Tu peux parcourir 1 km si tu marches 15 minutes à une vitesse normale.

    Nomme une place qui est a environ 1 km de ton école.

ME6-11: Comparer les unités

1. Finis le tableau en suivant la régularité.

m	1	2	3	4	5	6
dm	10	20				
cm	100	200				
mm	1000	2000				

2. Pour convertir des mètres en centimètres, tu multiplies par _____.

3. Pour convertir des mètres en millimètres, tu multiplies par _____.

4. Convertis les mesures suivantes.

m	cm
8	
70	

m	mm
5	
17	

cm	mm
4	
121	

dm	cm
32	
5	

5. Convertis la mesure en cm à une mesure en unités multiples.

a) 423 cm = ___ m _____ cm   b) 514 cm = ___ m _____ cm   c) 627 cm = ___ m _____ cm

d) 673 cm = ___ m _____ cm   e) 381 cm = ___ m _____ cm   f) 203 cm = ___ m _____ cm

6. Convertis les unités multiples suivants en mesures à unités simples.

a) 2 m 83 cm = _____ cm   b) 3 m 65 cm = _____ cm   c) 4 m 85 cm = _____ cm

d) 9 m 47 cm = _____ cm   e) 7 m 4 cm = _____ cm   f) 6 m 40 cm = _____ cm

7. Change les mesures suivantes en unités multiples puis en notation décimale.

a) 546 cm = __5_ m __46__ cm = __5,46__ m   b) 217 cm = ____ m _____ cm = _____ m

c) 783 cm = ____ m _____ cm = _____ m   d) 608 cm = ____ m _____ cm = _____ m

e) 72 cm = ____ m _____ cm = _____ m   f) 7 cm = ____ m _____ cm = _____ m

8. Pourquoi utilise-t-on la même notation décimale pour les dollars et les cents que pour les mètres et les centimètres?

9. Michelle dit que pour changer 6 m 80 cm en centimètres, tu multiplies le 6 par 100 puis tu ajoutes 80. Michelle a-t-elle raison? Pourquoi Michelle doit-elle multiplier par 100?

1. Mesure la ligne ci-dessous en mm, cm, et dm :

_____ mm _____ cm _____ dm

a) Quelle unité (mm, cm, or dm) est : la plus grande? _____ la plus petite? _____

b) Quelle unité as-tu utilisé le plus pour mesurer la ligne, la plus grande ou de la plus <u>petite</u> ?

_____

c) Pour changer la mesure d'une unité **plus grande** à une unité **plus petite**, as-tu besoin de …

(i) **plus** de petites unités, ou (ii) **moins** de petites unités?

_____

2. Ajoute les nombres qui manquent.

a) 1 cm = _____ mm b) 1 dm = _____ cm

c) 1 dm = _____ mm d) 1 m = _____ dm

e) 1 m = _____ cm f) 1 m = _____ mm

> La grandeur des unités **diminue** en **descendant** les marches :
> m
> dm
> cm
> mm
> - 1 marche en bas = 10 × plus petit
> - 2 marches en bas = 100 × plus petit
> - 3 marches en bas = 1000 × plus petit

3. Change les mesures ci-dessous en suivant les étapes.

a) Change 3,5 cm en mm.

i) Les nouvelles unités sont __10__ fois <u>plus petites</u>.

ii) J'ai besoin de __10__ fois __plus__ d'unités.

iii) Alors, je __multiplie__ par __10__.

3,5 cm = __35__ mm.

b) Change 7,2 cm en mm.

i) Les nouvelles unités sont ____ fois _____.

ii) J'ai besoin de ____ fois _____ d'unités.

iii) Alors, je _____ par _____.

7,2 cm = _____ mm.

c) Change 2,6 dm en cm.

i) Les nouvelles unités sont ____ fois _____.

ii) J'ai besoin de ____ fois _____ d'unités.

iii) Alors, je _____ par _____.

2,6 dm = _____ cm.

d) Change 7,53 cm en mm.

i) Les nouvelles unités sont ____ fois _____.

ii) J'ai besoin de ____ fois _____ d'unités.

iii) Alors, je _____ par _____.

7,53 cm = _____ mm.

ME6-12: Changer les unités *(suite)*

SOUVIENS-TOI : Il y a 1000 g dans un kg et 1000 mg dans un g.

e) Change 3,4 mm en cm.

i) Les nouvelles unités sont _____ fois _____.

ii) J'ai besoin de _____ fois _____ d'unités.

iii) Alors, je _____ par _____.

   3,4 mm = _____ cm.

f) Change 8,53 kg en g.

i) Les nouvelles unités sont _____ fois _____.

ii) J'ai besoin de _____ fois _____ d'unités.

iii) Alors, je _____ par _____.

   8,53 kg = _____ g.

g) Change 5,2 g en mg.

i) Les nouvelles unités sont _____ fois _____.

ii) J'ai besoin de _____ fois _____ d'unités.

iii) Alors, je _____ par _____.

   5,2 g = _____ mg.

h) Change 2,14 g en kg.

i) Les nouvelles unités sont _____ fois _____.

ii) J'ai besoin de _____ fois _____ d'unités.

iii) Alors, je _____ par _____.

   2,14 g = _____ kg.

4. Change les unités en suivant, dans ta tête, les étapes de la question 3.

   a) 4 m = _____ dm

   b) 1,3 dm = _____ mm

   c) 20 cm = _____ mm

5. Un décimètre de ruban coute 5¢.
    Combien coûteront 90 cm?

6. Les livres d'Emily pèsent 2,1 kg, 350 g, et 1253 g.
    Son sac à dos peut contenir 4 kg.
    Peut-elle transporter les 3 livres dans son sac?

7. La largeur d'un rectangle est 57 cm et sa longueur est 65 cm.
    Le périmètre de ce rectangle est-il plus grand ou plus petit que 2,4 m?

8. Comment la relation entre kilogrammes et grammes est-elle similaire à la relation entre kilomètres et mètres?

9. Comment la relation entre milligrammes et grammes est-elle similaire à la relation entre millimètres et mètres?

ME6-13: Les unités de longueur appropriées

1. Associe le bon mot avec le symbole.
   Associe ensuite le bon objet avec l'unité de mesure.

   a)

mm	kilomètre
cm	centimètre
m	millimètre
km	mètre

longueur de l'antenne d'une abeille
largeur d'une piscine
distance d'un marathon

   b)

km	mètre
cm	millimètre
m	kilomètre
mm	centimètre

longueur d'une règle
épaisseur d'un ongle
diamètre de la lune
longueur d'un terrain de soccer

2. Encercle l'unité de mesure qui correspond avec l'énoncé.

   a) Un adulte très grand mesure environ 2 **dm** / **m** de hauteur.

   b) La largeur de ta main mesure près de 1 **dm** / **cm** .

   c) La tour de Calgary mesure 191 **cm** / **m** de hauteur.

3. Nicolas a mesuré des objets mais a oublié d'inclure les mesures. Ajoute la bonne unité.

   a) lit : 180 __   b) auto : 2 __   c) chapeau : 25 __   d) brosse à dents :16 __   e) court : 11 ____

4. Choisi la bonne unité (km, m, ou cm) afin de compléter la phrase.

   a) La côte du Canada en entier mesure 202 080 _____ de long.

   b) Le mont Logan, au Yukon, mesure 5 959 _____ de haut.

   c) L'eau qui tombe des chutes en C.-B. tombe de 440 _____.

   d) Le pupitre de ton enseignant mesure environ 200 _____ de long.

   e) Une personne qui marche vite peut marcher 1 _____ en 10 minutes.

   f) Un grand requin blanc peut atteindre jusqu'à 4 _____ de long.

   g) Une carte postale mesure environ 15 _____ de long.

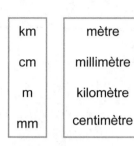

5. La plupart des provinces du Canada ont un arbre et un oiseau officiel.
   Change les mesures ci-dessous à la plus petite mesure utilisée.
   Puis, mets les arbres en ordre de grandeur, du plus petit au plus grand.

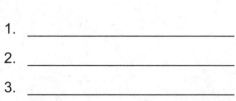

Arbre	Hauteur	La plus petite unité
Bouleau blanc (*Saskatchewan*)	2 m	
Pin tordu (*Alberta*)	3 050 cm	
Cèdre rouge (*Colombie-Britannique*)	59 m	
Chêne rouge (*Ile du Prince Edward*)	24 m	

1. _____

2. _____

3. _____

4. _____

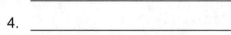

La mesure 2

ME6-13: Les unités de longueur appropriées *(suite)*

6. Mets les oiseaux officiels en ordre de longueur, du plus long au plus petit.

Oiseau	Longueur	La plus petite unité
Macareux moine (*Terre-Neuve & Labrador*)	34,5 cm	
Grand-duc d'Amérique (*Alberta*)	63,5 cm	
Harfang des neiges (*Québec*)	66 cm	
Chouette lapone (*Manitoba*)	0,55 m	

1. _____

2. _____

3. _____

4. _____

7. Inscris chaque mesure sur la droite numérique avec un « X ». La première est déjà faite pour toi.

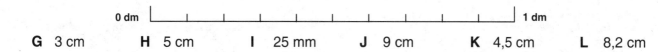

A

0 dm |||||||||||||||||||||||||||||||||||||||||||||||||||||||| 1 dm
        X

A 12 mm   **B** 35 mm   **C** 2,0 cm   **D** 49 mm   **E** 9,9 cm   **F** 5,7 cm

0 dm |_____| 1 dm

G 3 cm   **H** 5 cm   **I** 25 mm   **J** 9 cm   **K** 4,5 cm   **L** 8,2 cm

0 km |_____| 1 km

M 200 m   **N** 500 m   **O** 700 m   **P** 350 m   **Q** 850 m   **R** 630 m   **S** 90 m

8. Ajoute les nombres au bon endroit ci-dessous (choisis-les dans la boite).

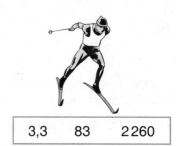

a) Les compétition de ski aux olympiques d'hiver de 1988 ont eu lieu a Nakiska, qui est à _____ **km** de Calgary. Le point le plus élevé de Nakiska est a _____ **m** au-dessus du niveau de la mer. La plus longue piste de la montagne est _____ **km** de long

3,3	83	2 260

b) La Rivière Rouge mesure _____ **km** de long.

En1997, elle a débordé et est montée de _____ **m**.

Winnipeg était protégée par un canal de dérivation de _____ **km** de long construit autour de la ville.

7,5	47	877

9. Nomme un objet dans ta classe qui …

a) a une épaisseur d'environ 20 mm : _____   b) a une hauteur d'environ 2 m : _____

ME6-14: La vitesse

La vitesse est un taux de mouvement ou de distance parcourue dans une période de temps donnée. On mesure normalement la vitesse en kilomètres à l'heure (km/h). Si tu parcours 40 km en 1 heure, tu te déplaces donc à une vitesse de 40 km/h.

On trouve la **vitesse moyenne** en divisant la distance totale parcourue par la quantité de temps qui s'est écoulée pour compléter le déplacement.

Exemple : Anu a parcouru 75 km en 5 heures sur son vélo. Sa vitesse moyenne était 75 ÷ 5 = 15 km/h.

----

1. Trouve la vitesse moyenne pour chaque ensemble de distance/temps. (Essaie de le faire mentalement.)

	Distance	Temps	Vitesse moyenne
a)	200 km	2 heures	
c)	75 km	3 heures	

	Distance	Temps	Vitesse moyenne
b)	480 km	6 heures	
d)	1600 km	10 heures	

2. Complète les tableaux suivants.
   INDICE : Vitesse moyenne x temps = Distance

	Vitesse moyenne	Temps	Distance
a)	25 km/h	1 heure	
c)	70 km/h	3 heures	

	Vitesse moyenne	Temps	Distance
b)	120 km/h	3 heures	
d)	30 km/h	7 heures	

3. Quand tu éternues, l'air se déplace à 167 km/h.
   Pendant un ouragan, l'air se déplace à 117,5 km/h.
   De combien la vitesse d'un éternuement est-elle plus rapide qu'un ouragan?

4. Clare peut aller à une vitesse de 23 km/h sur son vélo.
   Erin peut atteindre une vitesse de 17 km/h.
   En 3 heures, Clare peut parcourir combien de km de plus qu'Erin?

5. a) Un camion parcourt 40 kilomètres en 30 minutes.
      Quelle est sa vitesse moyenne en km/h?

   b) Une voiture parcourt 30 kilomètres en 15 minutes.
      Quelle est sa vitesse moyenne en km/h?

6. Jinnie a marché 5,25 kilomètres en 5 heures et Paula a marché 6,23 kilomètres en 7 heures.
   Qui a la plus haute vitesse moyenne?

7. Helen a marché 4 km en une heure et elle a fait 16 km en vélo dans la deuxième heure.

   a) Quelle distance a-t-elle parcouru?   b) Quelle était sa vitesse moyenne?

Ces diagrammes montrent les plus grands édifices de chaque province.

NOTE : La tour du CN a Toronto n'est pas incluse car elle est plutôt une « structure » qu'un « édifice ».

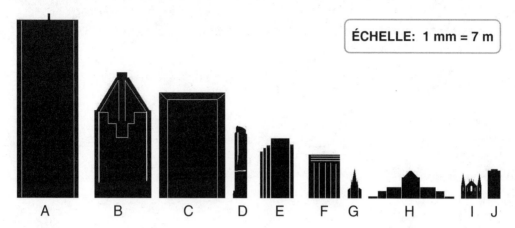

ÉCHELLE: 1 mm = 7 m

1. Choisis deux édifices.

   Mesure chaque diagramme puis calcule la hauteur de chaque édifice en utilisant l'échelle.

   Trouve la différence entre la hauteur des édifices.

	Édifice		Édifice
A	Place First Canadian, ON	**B**	Le 1000 Rue de la Gauchetière, QC
C	Centre Petro Canada, AB	**D**	Centre Wall, CB
E	Centre Toronto Dominion, MB	**F**	Tour Fenwick, NE
G	Cathédrale Immaculée Conception, NB	**H**	Édifice de la Confédération TN
I	Cathédrale Catholique Romaine à Saint Dunstan, IPE	**J**	Tour du CN, SK

2. La tour du CN en Saskatchewan a le même nom que la tour du CN a Toronto.
   La tour du CN a Toronto mesure 553 m de hauteur.

   a) De combien de mètres la tour du CN a Toronto est-elle plus haute que la tour de la Saskatchewan?

   b) Environ combien de tours de la Saskatchewan placées une par dessus l'autre seraient de la même hauteur que celle de Toronto?

3. Un des plus grand édifices résidentiels est la tour Eureka à Melbourne, en Australie.
   Elle est environ une fois et demie plus haute que le centre Petro Canada a Calgary.
   Si tu avais à dessiner à l'échelle de 1 mm = 7 m, de quelle hauteur ton dessin serait-il?

4. a) Le centre Wall à Vancouver a 48 étages. La place First Canadian à Toronto a 72 étages.
      Peux-tu dire lequel des deux édifices a les plus grands étages sans utiliser la division? Explique.

   b) Utilise la longue division pour trouver la hauteur par étage de ces deux édifices.

ME6-16: Le canal Welland

Le canal Welland joint le lac Ontario au lac Erié, laissant passer les grands bateaux entre les deux lacs. On fait monter et baisser les bateaux avec un système d'écluses.

Sur une carte, 1 mm représente environ 200 m.

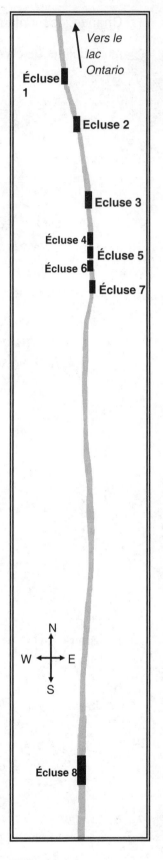

1. Utilise ta règle pour mesurer la distance entre les écluses suivantes. Trouve ensuite la distance réelle en utilisant l'échelle.

   Écluse 1 et Écluse 2

   Distance sur la carte : _____ Distance réelle : _____

   Écluse 2 et Écluse 3

   Distance sur la carte : _____ Distance réelle : _____

   Écluse 7 et Écluse 8

   Distance sur la carte : _____ Distance réelle : _____

2. Est-ce qu'un bateau navigant à 10 km/h peut passer de l'Écluse 7 à l'Écluse 8 en 2 heures?

3. La longueur totale du canal est approximativement 44 km.

   Environ combien de temps navigueras-tu dans le canal à 10 km/h, si tu t'arrêtes pendant une demi-heure a chaque écluse?

4. L'autoroute Skyway de Garden City passe au-dessus du canal environ 1,8 km au sud de l'Écluse 2. Fais une ligne où l'autoroute Skyway devrait passer.

5. Le plus grand canal au monde est le Grand Canal en Chine à 1795 km. Environ combien de fois devrais-tu naviguer d'un bout à l'autre du canal Welland pour parcourir la même distance?

jump math
MULTIPLYING POTENTIAL.

La mesure 2

ME6-17: Changer les unités de mesure (révision)

1. Change les montants en dollars et cents en cents.

   a) 5 dollars 28 cents = _____528 cents_____

   b) 7 dollars 14 cents = _____

   c) 10 dollars 3 cents = _____

   d) 4 dollars 8 cents = _____

2. Change la mesure de mètres et centimètres en centimètres.

   a) 6 m 2 cm = ___602 cm___

   b) 4 m 9 cm = _____

   c) 6 m 13 cm = _____

   d) 11 m 53 cm = _____

   e) 14 m 20 cm = _____

   f) 3 m 1 cm = _____

3. Change la mesure en kilomètres et mètres en mètres.

   a) 9 km 2 m = ___9002 m___

   b) 4 km 73 m = _____

   c) 5 km 10 m = _____

   d) 6 km 2 m = _____

   e) 13 km 241 m = _____

   f) 20 km 2 m = _____

4. Change la mesure d'heures et minutes en minutes. Souviens-toi, il y a 60 minutes dans une heure.

   a) 3 h 3 min = ___183 min___

   b) 2 h 4 min = _____

   c) 3 h 11 min = _____

   d) 4 h 10 min = _____

   e) 3 h 52 min = _____

   f) 5 h 26 min = _____

5. Change chaque quantité en un nombre décimal de la plus grande unité.

   a) 7 $ et 3 ¢ = ___7,03 $___

   b) 16 $ et 4 ¢ = _____

   c) 27 $ et 3 ¢ = _____

   d) 8 m 6 cm = _____

   e) 9 m 25 cm = _____

   f) 3 cm 1 mm = _____

   g) 9 dm 4 cm = _____

   h) 8 L 7 mL = _____

   i) 9 kg 25 g = _____

6. L'algue géante peut pousser de 6 dm par jour
   Combien de mètres pousse-t-elle en
   4 semaines?

1. Chaque côté mesure 1 cm de long. Écris la longueur totale de chaque côté en cm comme à la première figure. Écris un énoncé d'addition et trouve le périmètre.

a)

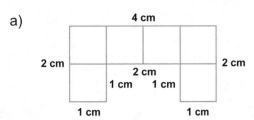

b)

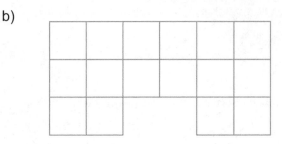

Périmètre : _____

Périmètre : _____

2. Chaque côté mesure 1 unité de long. Écris la longueur de chaque côté près de la figure (n'oublie pas des côtés!). Utilise ensuite la longueur des côtés pour trouver le périmètre.

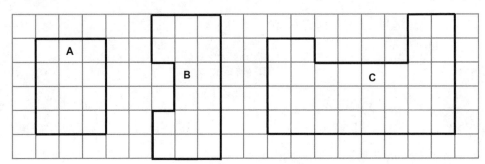

3. Dessine ta propre figure et trouve le périmètre.

4. Dessine deux différentes formes avec un périmètre de 12 unités.

5. Dessine, sur du papier quadrillé, deux figures et trouve leur périmètre. Essaie de faire des lettres ou d'autres formes!

1. Mesure le périmètre de chaque figure en cm avec une règle.

    a)

    Périmètre : _____

    b)

    Périmètre : _____

    c)

    Périmètre : _____

2. Trouve le périmètre de chaque forme. Sois certain d'inclure les unités dans ta réponse.

    a)

    7 m

    5 m   **A**

    Périmètre : _____

    b)

    3 cm

    2 cm

    6 cm   **B**   5 cm

    8 cm   4 cm

    Périmètre : _____

    c)

    2 km   **C**   2 km

    2 km

    Périmètre : _____

    d)

    5 cm

    D   10 cm

    Périmètre : _____

    e) Écris la lettre des formes en ordre du <u>plus grand</u> au <u>plus petit</u> périmètre.
        INDICE : N'oublie pas de bien regarder les unités!

        _____

3. Ton petit doigt mesure environ 1 cm de large. Estime et mesure le périmètre de chaque forme en cm.

    a)

    Périmètre estimé : _____

    Périmètre réel : _____

    b)

    Périmètre estimé : _____

    Périmètre réel : _____

4. Montre toutes les façons que tu peux faire un rectangle en utilisant…

    a) 10 carrés   b) 12 carrés   c) Peux-tu faire un rectangle avec 7 carrés?

    d) Quel rectangle de b) a le plus grand périmètre? Quel est son périmètre?

5. Dessine trois figures différentes qui ont un périmètre de 10.
    NOTE : Les figures ne doivent pas nécessairement être des rectangles.

6. Un rectangle a un périmètre de 1 m. Les deux côtés longs mesurent 36 cm chacun. Quelle est la longueur de chacun des petits côtés?

7. Un rectangle est deux fois plus long que large.
    Quel est le ratio entre la largeur et le périmètre de ce rectangle?

1. Mark fait une séquence de figures avec des cure-dents.

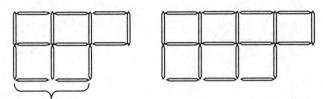

base

a) Complète le tableau.

b) Complète la règle qui indique comment faire la SORTIE des nombres à partir de l'ENTRÉE des nombres.

Multiplie l'ENTRÉE par _____ et ajoute _____.

c) Utilise la règle pour prédire le périmètre de la figure avec une base de 10 cure-dents : _____

ENTRÉE *Nombre de cure-dents à la base*	SORTIE *Périmètre*
2	10

2. Ajoute un carré à la figure afin que le périmètre de la figure soit de 12 unités.
   NOTE : Tous les côtés mesurent 1 unité.

a)

b)

c)

Périmètre original = ____ unités
Nouveau périmètre = 12 unités

Périmètre original = ____ unités
Nouveau périmètre = 12 unités

Périmètre original = ____ unités
Nouveau périmètre = 12 unités

3. Complète tous les rectangles avec le périmètre donné (nombres entiers pour longueur et largeur).

Largeur	Longueur
Périmètre = 6 unités	

Largeur	Longueur
Périmètre = 12 unités	

Largeur	Longueur
Périmètre = 16 unités	

Largeur	Longueur
Périmètre = 18 unités	

4. Répète les étapes a) à c) de la question 1 pour les régularités suivantes.

a)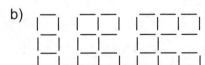

b)

5. Emma dit que la formule 2 × (longueur + largeur) donne le périmètre d'un rectangle. A-t-elle raison?

ME6-21: Les cercles et les polygones irréguliers

1. La distance horizontale et verticale entre des paires adjacentes de points
    est de 1 cm. La distance diagonale est d'environ 1,4 cm.

    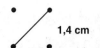

    1,4 cm

    Trouve le périmètre approximatif de chaque figure en comptant 1,4 cm pour les lignes diagonales.
    INDICE : Comment la multiplication peut-elle t'aider à calculer la somme des côtés de 1,4 cm?

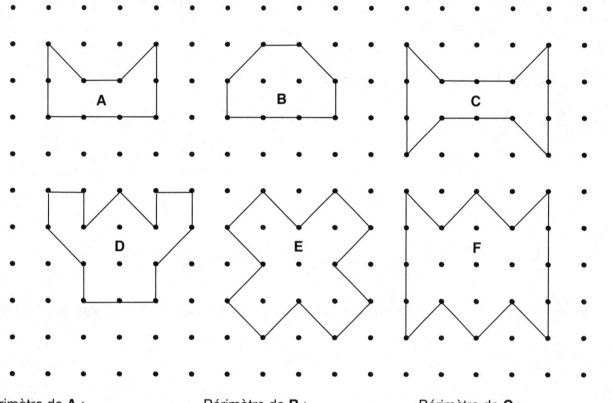

Périmètre de **A** : _____   Périmètre de **B** : _____   Périmètre de **C** :_____

Périmètre de **D** : _____   Périmètre de **E** : _____   Périmètre de **F** : _____

2. La distance autour d'une cercle s'appelle la **circonférence**.
    a) Mesure la circonférence de chaque cercle au **cm** près en utilisant une bande de papier enroulée
        et une règle. Écris la largeur et la circonférence dans le tableau.

Largeur	Circonférence

marque la distance
autour du cercle
sur la bande

vue de haut

Vue de côté

déroule la bande et mesure
la distance avec ta règle

b) La circonférence est environ combien de fois plus grande que la largeur?_____

ME6-22: L'aire en centimètres carrés

On dit que les formes plates sont des formes en **deux-dimensions** (2-D).

L'**aire** d'une forme en 2 dimensions est la quantité d'espace qui occupe la forme.

Un **centimètre carré** est l'unité de mesure de l'aire. Un carré qui a des côtés de 1 cm a une aire de un centimètre carré. L'abréviation pour un centimètre carré est cm^2.

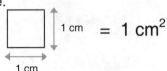

1. Trouve l'aire de ces figures en centimètres carrés.

a)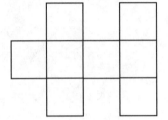

b)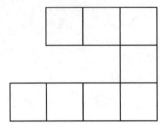

c)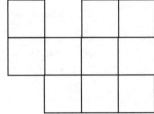

Aire = _____ cm^2 Aire = _____ cm^2 Aire = _____ cm^2

2. En utilisant une règle, fais des lignes pour diviser chaque rectangle en centimètres carrés.

a)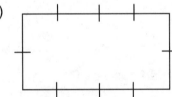

b)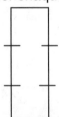

c)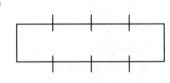

Aire = _____ cm^2 Aire = _____ cm^2 Aire = _____ cm^2

3. Peux-tu trouver l'aire (en cm carrés) de chacune des formes suivantes?

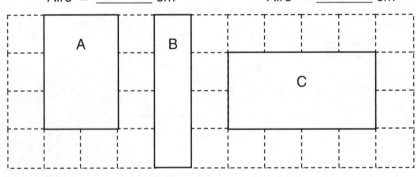

Aire de **A** = _____   Aire de **B** = _____   Aire de **C** = _____

4. Dessine trois formes différentes dont l'aire est de 10 cm^2 (pas besoin d'être des rectangles).

5. Dessine plusieurs formes et trouve leur aire et leur périmètre.

6. Dessine un rectangle dont l'aire est de 12 cm^2 et le périmètre est de 14 cm.

La mesure 2

ME6-23: L'aire des rectangles

1. Écris un énoncé de multiplication pour chacune des matrices suivantes.

   a)

   b)

   c)

   d)

   _____   _____   _____   _____

2. Dessine un point dans chaque boite. Écris ensuite un énoncé de multiplication qui indique combien il y a de boites dans le rectangle.

   a)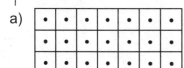

   b)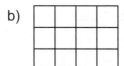

   c)

   d)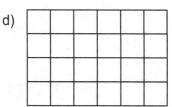

   _____ 3 × 7 = 21 _____   _____   _____   _____

3. Écris combien il y a de boites pour la largeur et la longueur de chaque rectangle.
   Écris ensuite un énoncé de multiplication pour l'aire du rectangle (en unités carrés).

   a) 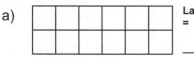   Largeur = ____

      Longueur = ____

   b) 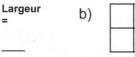   Largeur = ____

      Longueur = ____

   c) 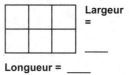   Largeur = ____

      Longueur = ____

   _____   _____   _____

4. En utilisant ta règle, dessine des lignes pour diviser chaque rectangle en carrés.
   Écris un énoncé de multiplication pour l'aire des boites en cm^2.
   NOTE : Tu devras faire la dernière rangée de boites avec une règle.

   a)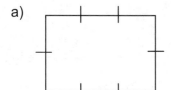

   b)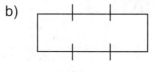

   c)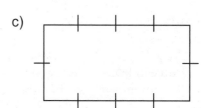

   d)

   e)

5. Si tu connais la longueur et la largeur d'un rectangle, comment peux-tu trouver son aire?

_____

La mesure 2

ME6-24: Explorer l'aire

1. Mesure la longueur et la largeur puis trouve l'aire des figures suivantes.

a)

b)

c)

_____   _____   _____

2. Trouve l'aire d'un rectangle avec les dimensions suivantes :

a) largeur : 6 m   longueur : 7 m   b) largeur : 3 m   longueur : 7 m   c) largeur : 4 cm   longueur : 8 cm

_____   _____   _____

3. a) Calcule l'aire de chaque rectangle. N'oublie pas d'inclure les unités.

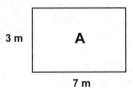
3 m **A** 7 m

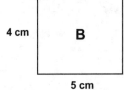
4 cm **B** 5 cm

11 m **C** 6 m

15 km **D** 10 km

Aire : _____   Aire : _____   Aire : _____   Aire : _____

b) Mets les rectangles ci-dessus en ordre selon leur aire, du <u>plus grand</u> au <u>plus petit</u> : _____

4. Un rectangle a une aire de 18 cm² et une longueur de 6 cm. Comment trouves-tu sa largeur?
_____

5. Un rectangle a une aire de 24 cm² et une largeur de 8 cm. Quelle est sa longueur? _____

6. Un carré a une aire de 25 cm². Quelle est sa largeur? _____

7.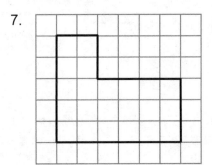

a) Écris la longueur de chacun des côtés sur la figure.

b) Divise la figure en deux boites.

c) Calcule l'aire totale en trouvant l'aire des deux boites.

Aire de la boite 1 : _____   Aire de la boite 2 : _____

Aire TOTALE : _____

8. Sur du papier quadrillé ou un géoplan, fais deux rectangles dont l'aire est de 12 unités carrés.

ME6-25: Comparer l'aire et le périmètre

1. Calcule le périmètre et l'aire de chacune des formes suivantes et écris ta réponse dans le tableau ci-dessous. La première est déjà fait pour toi. **NOTE : Le côté de chaque carré de la grille est de 1 cm.**

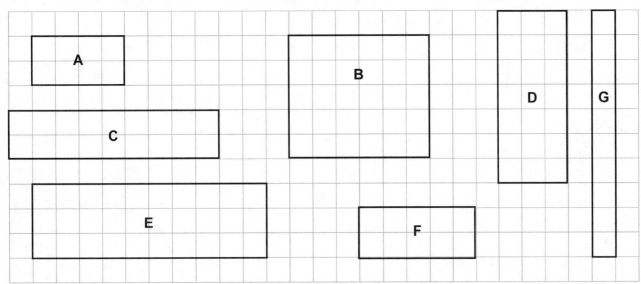

Forme	Périmètre	Aire
A	2 + 4 + 4 + 2 = 12 cm	2 × 4 = 8 cm²
B		
C		
D		
E		
F		
G		

2. La forme C a un plus grand périmètre que la forme D. Son aire est-elle plus grande? _____

3. Nomme deux autres formes dont l'une a un plus grand périmètre et l'autre, une aire plus grande :

   _____

4. Écris les formes en ordre de grandeur de leur périmètre (plus grande à la plus petite) : _____

5. Écris les formes en ordre de grandeur de leur aire (plus grande à la plus petite) : _____

6. L'ordre aux questions 4 et 5 est-elle la même? _____

7. Quelle est la différence entre le <u>périmètre</u> et l'<u>aire</u>? _____

   _____

   _____

ME6-26 : L'aire et le périmètre

1. Mesure la longueur et la largeur de chaque rectangle et inscris tes réponses dans le tableau.

Rectangle	Périmètre estimé	Aire estimée	Longueur	Largeur	Périmètre actuel	Aire actuelle
A	cm	cm^2	cm	cm	cm	cm^2
B						
C						
D						
E						
F						
G						

2. Mesure le périmètre et trouve l'aire avec une règle pour chaque rectangle ci-dessous.

a)

Périmètre = _____ cm

Aire = _____ cm^2

b)

Périmètre = _____ cm

Aire = _____ cm^2

c)

Périmètre = _____ cm

Aire = _____ cm^2

3. Trouve l'aire des rectangles en utilisant les indices.

   a) largeur = 2 cm; périmètre = 10 cm; aire = ?   b) largeur = 4 cm; périmètre = 18 cm; aire = ?

4. Dessine un carré avec le périmètre donné. Trouve ensuite l'aire du carré.

   a) périmètre = 12 cm; aire = ?   b) périmètre = 20 cm; aire = ?

5. Dessine, sur du papier quadrillé, un rectangle avec …

   a) une aire de 10 unités carrées et un périmètre de 14 unités.   b) une aire de 8 unités carrées et un périmètre de 12 unités.

ME6-27: L'aire des polygones et des formes irrégulières

1. Deux demi-carrés 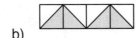 occupent la même aire qu'un carré entier.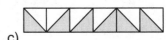

Compte chaque <u>paire</u> de demi-carrés comme un carré entier pour trouver l'aire des sections ombragées.

a)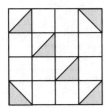

= _____ carrés entiers

b)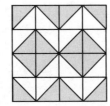

= _____ carrés entiers

c)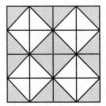

= _____ carrés entiers

d)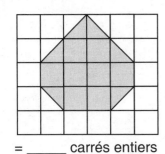

= _____ carrés entiers

e)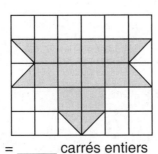

= _____ carrés entiers

f)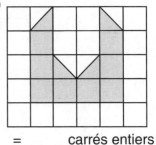

= _____ carrés entiers

g)

= _____ carrés entiers

h)

= _____ carrés entiers

i)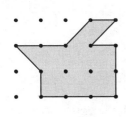

= _____ carrés entiers

j)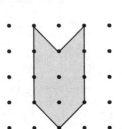

= _____ carrés entiers

k)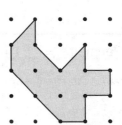

= _____ carrés entiers

2. Estime et trouve l'aire, en unités carrées, de chaque figure.
   INDICE: Fais des lignes pour montrer tous les demi carrés.

a)

b)

c)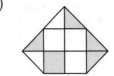

3. Dis, pour chaque illustration, si l'aire de partie ombragée est <u>plus grande</u> que, <u>moins</u> que ou <u>égale</u> à l'aire de la partie blanche. Explique comment tu le sais.

a)

b)

c)

4.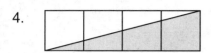

   a) Quelle fraction du rectangle la partie ombragée représente-elle? __

   b) Quelle est l'aire du rectangle, en unités carrées? _____

   c) Quelle est l'aire de la partie ombragée? _____

5. Trouve l'aire de la partie ombragée en unités carrées.

   a) 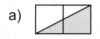   b) 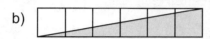   c) 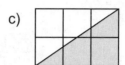   d)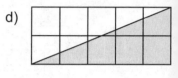

   _____   _____   _____   _____

6. Fais une ligne pour diviser chaque forme en deux triangles ou un triangle et un rectangle. Calcule ensuite l'aire de chaque forme.

   a) 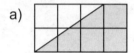   b) 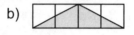   c)    d)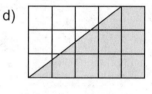

   _____   _____   _____

7. Calcule l'aire de chaque forme.

   a) 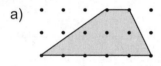   b) 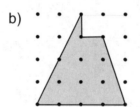   c)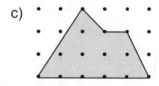

8. Chacune des formes ombragées ci-dessous représente un ½ carré. Combien de carrés y a-t-il en tout? **SOUVIENS-TOI : Deux $\frac{1}{2}$ carrés = 1 carré entier**

   a)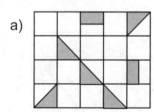

                    _____ demi-carrés

                    _____ total de carrés

   b)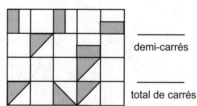

                    _____ demi-carrés

                    _____ total de carrés

   c)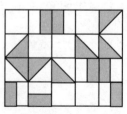

                    _____ demi-carrés

                    _____ total de carrés

9. Remplis les espaces vides pour trouver l'aire totale. La première est déjà faite pour toi.

   a)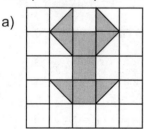

           __3__ carrés entiers

           __6__ $\frac{1}{2}$ carrés

           = __3__ carrés entiers

           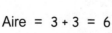 Aire = 3 + 3 = 6

   b)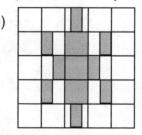

           _____ carrés entiers

           _____ $\frac{1}{2}$ carrés

           = _____ carrés entiers

           Aire =

ME6-27: L'aire des polygones et des formes irrégulières *(suite)*

10. Estime l'aire des figures ombragées ci-dessous comme ceci.

- Fais un crochet dans chaque <u>demi</u>-carré : 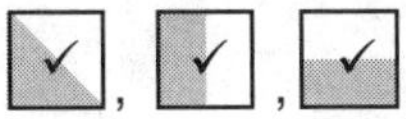, etc.
- Fais un 'X' dans chaque carré <u>entier</u> **et** chaque carré qui a <u>plus que</u> la moitie ombragée : 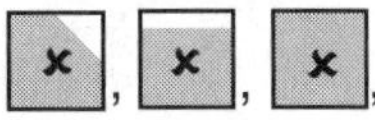, etc.
- Donne 1 à tous les carrés avec un 'X'. 2 demi-carrés (avec un crochet) égalent 1.
- Ne compte pas les carrés qui ont <u>moins que la moitie</u> ombragée: 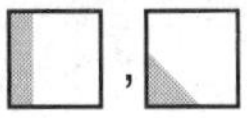, etc.

a) 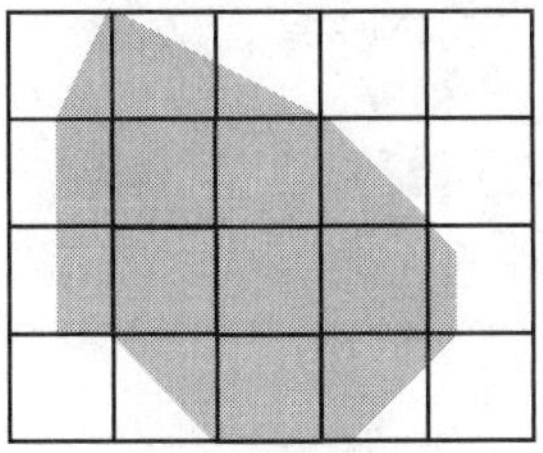

_____ demi-carrés (= _____ carrés entiers)

\+ _____ carrés entiers

= _____ carrés en tout

b) 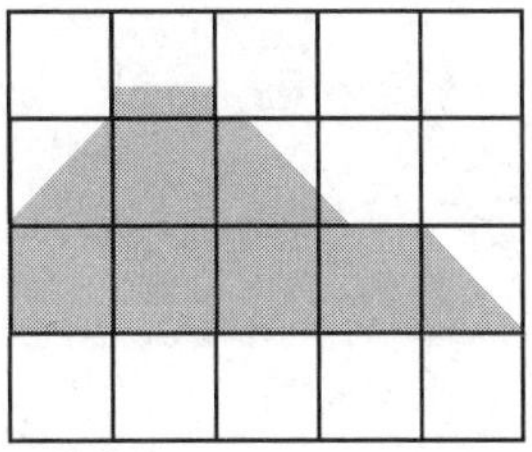

_____ demi-carrés (= _____ carrés entiers)

\+ _____ carrés entiers

= _____ carrés en tout

11. Estime l'aire (en unités carrées) et le périmètre des formes ci-dessous.
INDICE : Pour estimer le périmètre ...

- **Compte les lignes presque horizontales et verticales comme 1 unité :** 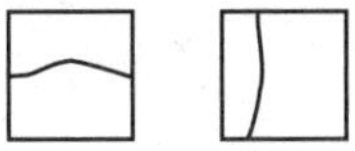
- **Compte les lignes presque diagonales comme $1\frac{1}{2}$ (ou 1,5) :** 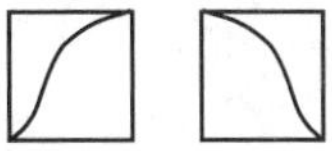
- **Compte les lignes près d'une demie comme $\frac{1}{2}$:** 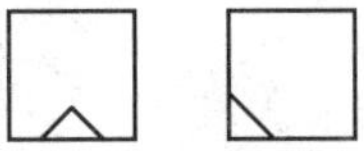

a) 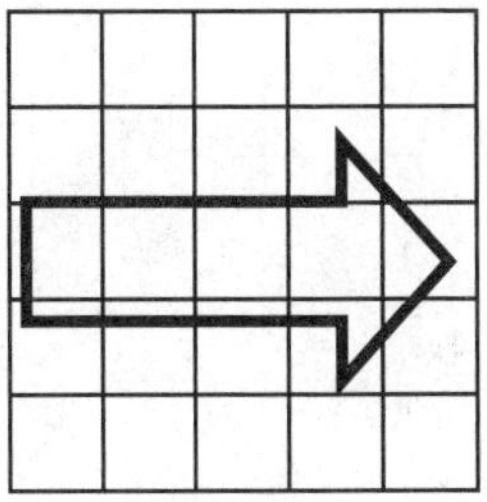

Aire approximative : ____________________

Périmètre approximatif : ____________________

b) 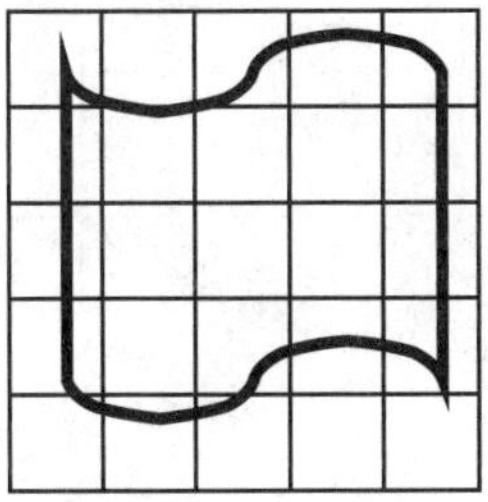

Aire approximative : ____________________

Périmètre approximatif : ____________________

c) 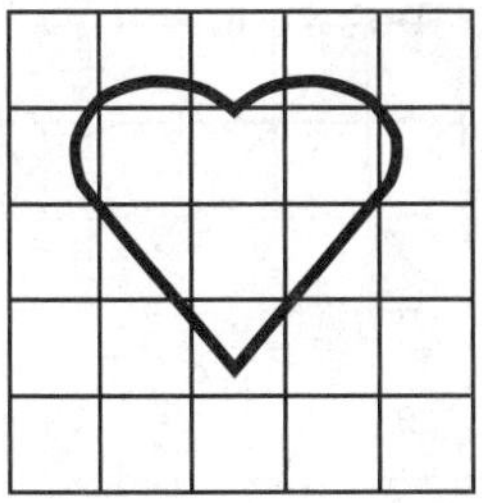

Aire approximative : ____________________

Périmètre approximatif : ____________________

1.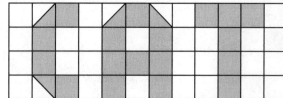

a) Trouve l'aire des lettres du mot ombragé.

b) Il y a 48 carrés dans la grille.
Comment peux-tu te servir de la réponse de la question ci-dessus pour trouver le nombre de carrés <u>blancs</u> (sans les compter)?

2. Ed fait un gâteau de fête rectangulaire pour son père.

Le gâteau doit être coupé en 24 morceaux de 5 × 5 cm.

a) Quelle est l'aire du gâteau?

b) La largeur du gâteau est 20 cm. Quelle est sa longueur?

c) Ed met des bleuets sur le périmètre du gâteau et 2 mûres à chaque 5 cm.
Combien de fruits aura-t-il besoin?

d) Les mûres se vendent en paquet de 20. Chaque paquet coûte 2,99 $.
Si Ed paye pour les mûres avec un billet de 10 dollars, combien de monnaie recevra-t-il?

3. La longueur et la largeur d'un rectangle sont des nombres entiers et la longueur est plus grande que la largeur. Trouve les dimensions possibles pour le rectangle selon les aires données ci-dessous.

Aire = 8 cm^2	
Longueur	Largeur

Aire = 14 cm^2	
Longueur	Largeur

Aire = 18 cm^2	
Longueur	Largeur

4. Nomme un objet que tu mesures en …

a) mètres carrés _____

b) kilomètres carrés _____

_____

_____

BONUS

5. Trouve l'aire de la partie ombragée. Dis ensuite quelle fraction de la grille est ombragée.
INDICE : Comment peux-tu utiliser l'aire de la partie blanche et l'aire de la grille?

a)

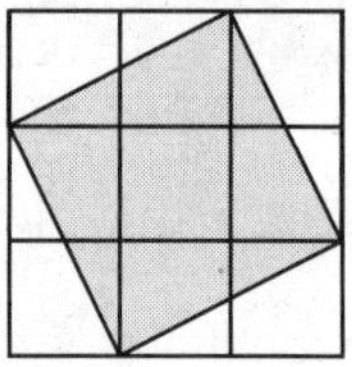

Aire :

_____

Fraction :

_____

b)

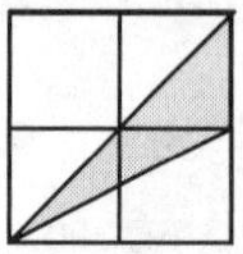

Aire :

_____

Fraction :

_____

c)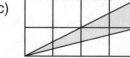

Aire :

_____

Fraction :

_____

ME6-29: L'aire et le périmètre (avancé)

1. Il y a 100 cm² dans 1 dm².

    a) Combien de cm² y a-t-il dans 1 m²? _____

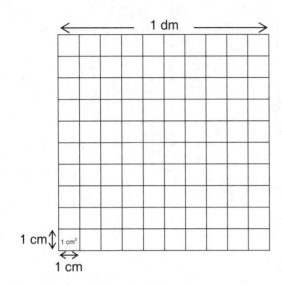
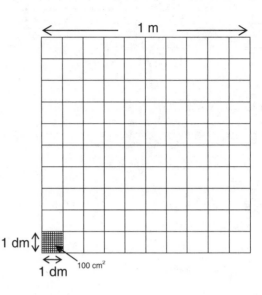

    b) Change 1,34 m² en cm².

    Les nouvelles unités sont _____ fois _____. J'ai besoin de _____ fois _____ d'unités.
    plus grands/plus petits   *moins/plus*

    Alors, je _____ par _____. Donc, 1,34 m² = _____ cm².
    multiplie/divise

    c) 14,65 m² = _____ cm²   d) 0,01 m² = _____ cm²

    e) 0,376 m² = _____ cm²   f) 7,2 m² = _____ cm²

2. (i) Trouve le ratio du périmètre de chaque carré pour la longueur de ses côtés.

    a) 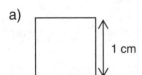 1 cm   b) 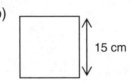 15 cm   c) 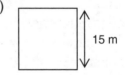 15 m   d) 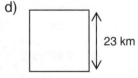 23 km

    (ii) Que remarques-tu?

3. Dans chaque rectangle le côté long est deux fois plus long que le côté court. Trouve le ratio du périmètre de chaque rectangle pour la longueur de son côté court.

    a) 5 m 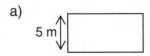   b) 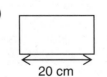 20 cm   c) 6 m 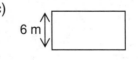   d) 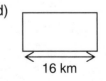 16 km

4. Patti dit, « 100 cm = 1 m, alors 100 cm² = 1 m². » Explique pourquoi elle n'a pas raison.

ME6-30: L'aire des parallélogrammes

1. On a fait ce rectangle en déplaçant le triangle ombragé d'un côté du parallélogramme à l'autre.

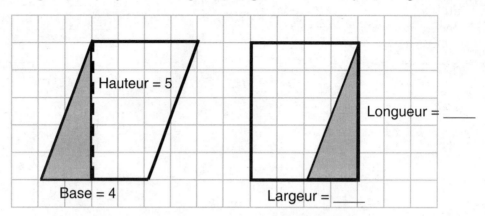

a) L'aire du rectangle est-elle la même que l'aire du parallélogramme? _____

Comment le sais-tu?_____

_____

b) Trouve la largeur du rectangle.

Que remarques-tu à propos de la base du parallélogramme et la largeur du rectangle?

_____

c) Trouve la longueur du rectangle.

Que remarques-tu à propos de la hauteur du parallélogramme et la longueur du rectangle?

_____

 d) Tu te rappelles que pour un rectangle : Aire = longueur × largeur.

Peux-tu écrire une formule pour l'aire d'un parallélogramme en utilisant la base et la hauteur?

2. Mesure la hauteur des parallélogrammes en utilisant un rapporteur d'angles et une règle.
Mesure la base en utilisant une règle.
Trouve l'aire du parallélogramme en utilisant ta formule de la question 1 d) ci-dessus.

a) 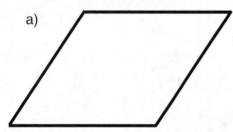   b)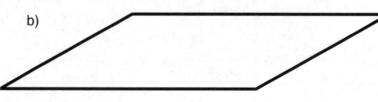

3. Trouve l'aire des parallélogrammes suivants .

a) Base = 5 cm   b) Base = 4 cm   c) Base = 8 cm   d) Base = 3,7 cm
   Hauteur = 7 cm   Hauteur = 3 cm   Hauteur = 6 cm   Hauteur = 6 cm

ME6-31: L'aire des triangles

1. a) Fais une ligne pointillée pour montrer la hauteur du triangle. Trouve ensuite la longueur de la hauteur et la base des triangles (en cm).

   Le premier est déjà fait pour toi.

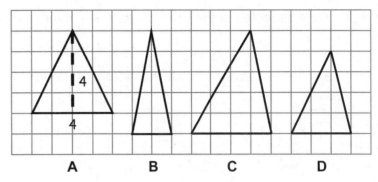

   A   **B**   **C**   **D**

   b) Trouve l'aire de chaque triangle ci-dessus en les divisant en deux triangles a angle droit.

   Aire de A : _____   Aire de B : _____

   Aire de C : _____   Aire de D : _____

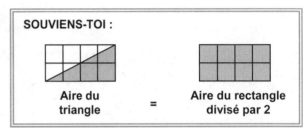

   SOUVIENS-TOI :

   Aire du triangle   **=**   **Aire du rectangle divisé par 2**

2. Le parallélogramme B est fait de deux copies du triangle A collées ensemble.

   Comment peux-tu trouver l'aire du triangle A?

   INDICE : Utilise ce que tu sais à propos de l'aire des parallélogrammes.

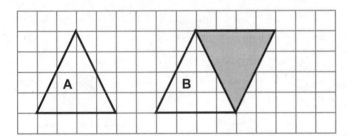

   _____

   _____

   _____

3. Trouve l'aire du triangle en collant ensemble deux copies du triangle pour faire un parallélogramme comme à la question 2.

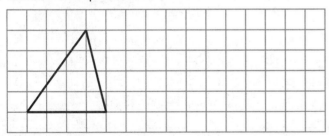

4. Écris une formule pour l'aire d'un triangle en utilisant la base et la hauteur d'un triangle.

   INDICE : Comment l'aire des triangles des questions 2 et 3 est associée a l'aire des parallélogrammes?

   _____

5. Montre comment tu peux calculer l'aire du triangle A de la question 1 en utilisant ta formule.

   _____

1. Tu as découvert, à la page précédente, la formule :

Aire d'un triangle= (base × hauteur) ÷ 2

Trouve l'aire d'un triangle avec l'aide des dimensions suivantes.

a) Base = 6 cm

Hauteur = 2 cm

Aire =

b) Base = 4 cm

Hauteur = 3 cm

Aire =

c) Base = 6 cm

Hauteur = 4 cm

Aire =

2. Tu avais déjà découvert la formule suivante :

Aire d'un parallélogramme = base × hauteur

Trouve l'aire d'un parallélogramme avec l'aide des dimensions suivantes.

a) Base = 5 cm

Hauteur = 7 cm

Aire =

b) Base = 10 cm

Hauteur = 17 cm

Aire =

c) Base = 3,5 cm

Hauteur = 9 cm

Aire =

3. Mesure la base et la hauteur du triangle en utilisant une règle. Trouve ensuite l'aire du triangle.

a)

b)

c)

4. Trouve l'aire de chaque forme en les subdivisant en triangles et en rectangles.

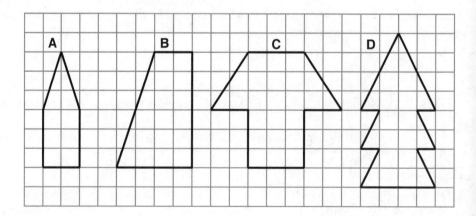

5.

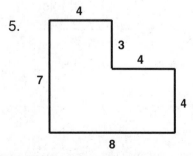

Fais une ligne pour couper la figure en deux rectangles.

Calcule l'aire des deux rectangles et additionne les pour obtenir l'aire de la figure.

6. Trouve la mesure des côtés qui ne sont pas encore identifiés.
   Calcule ensuite le périmètre et l'aire de chaque figure.
   FAIS ATTENTION : Certains côtés ne sont pas mesurés.

a)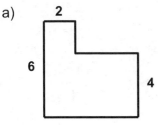

Périmètre : _____

Aire : _____

b)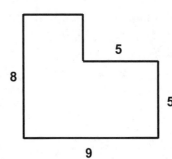

Périmètre : _____

Aire : _____

7.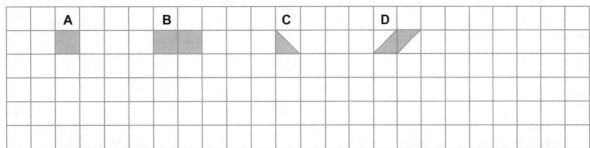

a) Deux polygones sont <u>similaires</u> s'ils ont la même forme. Dessine une forme similaire à l'originale avec une base deux fois plus longue que l'original. De quelle hauteur la nouvelle forme sera-t-elle?

b) Trouve l'aire (en unités carrées) de chaque forme originale. Trouve ensuite l'aire de chaque nouvelle forme.

Aire de A : _____   Aire de B : _____   Aire de C : _____   Aire de D : _____

Aire de la nouvelle forme :   Aire de la nouvelle forme :   Aire de la nouvelle forme :   Aire de la nouvelle forme :

_____   _____   _____   _____

c) Qu'arrive-t-il à la base d'une forme quand on double sa base et sa hauteur?

_____

8. Un carré a une aire de 25 cm^2. De quelle longueur est chacun des côté? Quel est son périmètre?

9. Un rectangle a une aire de 12 cm^2 et une longueur de 6 cm. Quelle est sa largeur? Quel est son périmètre?

10. Un parallélogramme à une base de 10 cm et une aire de 60 cm^2. Quelle est sa hauteur?

11. Fais un rectangle sur du papier quadrillé. Dessine un 2e rectangle avec des côtés 2 fois plus longs. Le périmètre du grand rectangle est-il 2 fois ou 4 fois plus grand que celui du petit rectangle?

12. Dessine deux rectangles différents sur du papier quadrillé.
    Fais-le de façon à ce que celui dont l'aire est plus petite ait le plus grand périmètre des deux.

Réponds aux questions suivantes dans ton cahier de notes.

13. Chaque carré sur la grille représente une aire de 25 cm².

    Quelle est l'aire de chaque figure?

    Comment le sais-tu?

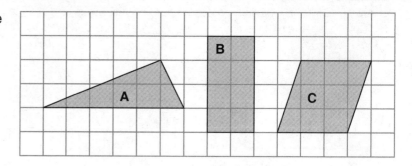

14. Chaque côté d'un carré représente 0,5 cm.

    Le périmètre de ce rectangle est-il plus grand ou plus petit que 14,5 cm?

    Comment le sais-tu?

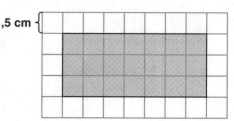

,5 cm

15. Cette image montre le plan de deux parcs.

    Quel est le périmètre de chaque parc?

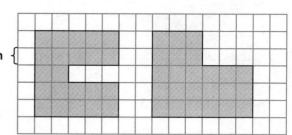

,25 km

16. 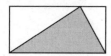 Quelle fraction de l'aire du rectangle le triangle représente-t-il?

    Comment le sais-tu?

17.  Quelle fraction de l'aire du parallélogramme l'aire du triangle représente-t-elle?

    Comment le sais-tu?

18. L'aire du triangle ombragé est 8 m². Quel est le périmètre du carré?

    Comment le sais-tu?

19. L'aire d'un triangle est 20 cm² et sa base mesure 10 cm.

    Quelle est la hauteur du triangle? Comment peux-tu vérifier ta réponse?

20. Alex fait un projet de science à propos des piscines. Que peut-il mesurer en utilisant des ...

    a) mètres (m)?

    b) mètres carrés (m²)?

    c) mètres cube (m³)?

    d) kilogrammes (kg)?

    e) litres (L)?

    f) kilomètres à l'heure (km/h)?

ME6-33: Le volume et la capacité des prismes rectangulaires

La capacité d'un contenant est la quantité de ce qu'il peut contenir. On mesure la capacité en mL, L, etc. La capacité d'une grosse bouteille d'eau, par exemple, est 1 L.

Le volume, qu'on mesure en cm^3, m^3, etc., est lié à la capacité :

1 mL est équivalent à 1 cm^3 et **1 L = 1000 cm^3**

- -

1. Audrey place une couche de cubes de 1cm^3 au fond d'un boite en verre.

    a) Combien de cubes de 1cm^3 y a-t-il maintenant dans la boite? _____

    b) Quel volume une couche de cubes de 1cm^3 occupe-t-elle?

    _____

    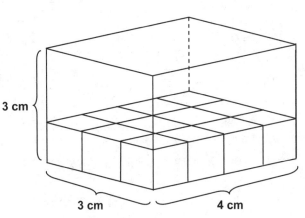

    3 cm

    3 cm   4 cm

    c) Écris un énoncé de multiplication pour le volume d'une couche de cubes de 1cm^3 :

    _____

    d) Écris un énoncé de multiplication pour le volume si Audrey met <u>deux</u> couches de cubes de 1cm^3 :

    _____

    e) Écris un énoncé de multiplication pour le volume de <u>trois</u> couches de cubes de 1cm^3 : _____

    f) Quel est le volume de la boite en verre? _____

    g) Quelle est la capacité de la boite? _____

2. a) Écris un énoncé de multiplication pour le nombre de cubes de 1cm^3 dans chaque illustration.

    (i) 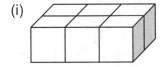   (ii) 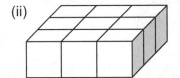   (iii)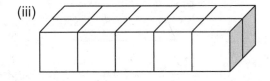

    b) Chaque illustration de la partie a) ci-dessus montre le nombre de cubes de 1cm^3 nécessaires pour recouvrir la base d'une boite mesurant 5 cm de haut.
    Écris un énoncé de multiplication pour le volume de chaque boite.

    c) Si tu connais la longueur, la largeur et la hauteur d'une boite avec une base rectangulaire, comment peux-tu calculer sa capacité?

3. Écris un ensemble de longueur, largeur et hauteur pour une boite qui a une capacité de…

    a) 12 mL   b) 8 mL   c) 18 mL   d) 24 mL

1 tonne = 1 000 kg

Puisque la masse moyenne d'un joueur de soccer est 100 kg, il faudrait environ 10 joueurs de soccer pour faire une tonne :

100 kg + 100 kg + 100 kg + 100 kg + 100 kg + 100 kg + 100 kg + 100 kg + 100 kg + 100 kg = 1000 kg = 1 tonne

- -

1. Multiplie les nombres ci-dessous par 1 000 en déplaçant la décimale de 3 espaces vers la droite.

   a) $1\,000 \times 2,700$ = __2 700__   b) $48 \times 1\,000$ = __48 000__   c) $6 \times 1\,000$ = _____

   d) $1\,000 \times 3,4$ = _____   e) $1\,000 \times 8,1$ = _____   f) $1\,000 \times 1,2$ = _____

   g) $1\,000 \times 9,8$ = _____   h) $1\,000 \times 4,05$ = _____   i) $1\,000 \times 2,3$ = _____

2. Convertis les mesures suivantes, qui sont en tonnes, en kg.
    INDICE : Multiplie par 1000.

   a) 5 t =   b) 18 t =   c) 6 t =   d) 50 t =

   e) 1,5 t =   f) ,31 t =   g) 45,5 t =   h) 26 t =

3. Un enfant de 11 ans pèse environ 40 kg.

   a) Compte par 40 à 1 000 : __40__ , __80__ , _____ , _____ , _____ , _____ , _____ , _____ , _____ , _____ , _____ ,

      _____ , _____ , _____ , _____ , _____ , _____ , _____ , _____ , _____ , _____ , _____ , _____ , _____ , _____

   b) Combien de 40 y a-t-il dans 1 000? _____

   c) Environ combien d'enfants de 11 ans pèseraient 1 tonne? _____

4. Vingt-cinq amis veulent descendre une rivière en radeau. La masse moyenne de chacun d'eux est 50 kg. Le radeau peut transporter 1 tonne. Est-ce que tous les amis peuvent aller sur le radeau?

5. Un éléphant africain a une masse 5000 kg. Combien de tonnes pèse-t-il?
    Les éléphants mangent 150 kg de nourriture par jour.
    Un éléphant mange-t-il plus ou moins qu'une 1 tonne par semaine?

6. Un camion peut contenir 1,2 tonnes. La famille de Melinda peut-elle déménager en un seul voyage?

150 kg   40 kg   150 kg   75 kg   100 kg   50 kg   70 kg   250 kg   50 kg   65 kg

La mesure 2

PDM6-21: Les résultats

Les différentes façons qu'un événement peut se terminer sont les **résultats** de l'événement.

Quand Alice joue aux cartes avec une amie, il y a trois résultats possibles : Alice (1) gagne, (2) perd ou (3) la partie se termine sans gagnant ou perdant (ce qui s'appelle parfois une partie nulle).

SOUVIENS-TOI :   Une pièce à deux côtés, pile et face.   Un dé a six côtés numérotés de 1 à 6.

- -

1. Quels sont les résultats possibles quand…

    a) tu lances une pièce de monnaie? _____

    b) tu lances un dé (un cube avec les nombres de un à six sur ses côtés)?

        _____

    c) une équipe de hockey joue une partie de championnat? _____

2. Combien de résultats différents y a-t-il quand tu :

    a) lances un dé? _____   b) lances une pièce? _____   c) joues aux échecs avec un ami? ___

3. Quels sont les résultats possibles pour ces roulettes? La première est déjà faite pour toi.

    a) 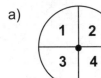   b)   c)   d)

    <u>Tu obtiens un 1, 2,</u>   _____   _____   _____

    <u>　3 ou 4</u>   _____   _____   _____

    <u>　4</u>　résultats   _____ résultats   _____ résultats   _____ résultats

4. Tu sors une bille d'une boite.
    Combien de résultats différents y a-t-il dans chacun des cas suivants?

    a) 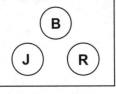   b)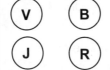

    _____ résultats   _____ résultats

5. Fais une liste de tous les résultats qui sont …

    a) des nombres pairs :

    b) des nombres impairs :

    c) des nombres plus grands que 9 :

PDM6-22: La probabilité

On peut utiliser les fractions pour décrire la **probabilité**.

$\frac{3}{4}$ de la roulette est rouge, donc la probabilité d'obtenir le rouge est $\frac{3}{4}$.

Il y a 3 façons d'obtenir le rouge et 4 façons d'obtenir *une couleur* (soit rouge ou vert).

La fraction $\frac{3}{4}$ compare le nombre de chances d'obtenir le rouge (3 est le numérateur) au nombre de chances d'obtenir *une couleur* (4 est le dénominateur).

---

1. Pour chacune des situations, combien y a-t-il de chances de…

   a) 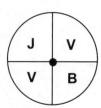   piger une bille verte?

   _____

   piger une bille de couleur?

   _____

   b) 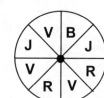   piger une bille rouge?

   _____

   piger une bille de couleur?

   _____

   c)   d'obtenir le vert?

   _____

   d'obtenir une couleur?

   _____

   d)   d'obtenir le vert?

   _____

   d'obtenir une couleur?

   _____

2. Quelle est la probabilité (P), pour chaque roulette, d'obtenir le rouge?

   P(Rouge) = $\dfrac{\text{\# de facons d'obtenir le rouge}}{\text{\# de facons d'obtenir une couleur}}$

   a)

   P(Rouge) =

   b)

   P(Rouge) =

   c)

   P(Rouge) =

   d)

   P(Rouge) =

3. Quelle est la probabilité de lancer un dard dans la section bleue? Simplifie ta réponse si possible.

   a)
B	R
V	B

   P(Bleue) =

   b)
B	R	J

   P(Bleue) =

   c)
B	R	R
V	B	J

   P(Bleue) =

   d)
R	B	V
J		B

   P(Bleue) =

4. Écris, pour chaque roulette, la probabilité pour les événements suivants.
   INCICE : Divise les roulettes en parties égales.

   a)

   P(Bleu) =

   b)

   P(Rouge) =

   c)

   P(Jaune) =

   d)

   P(Vert) =

Probabilité et traitement de donneés 2

PDM6-22: La probabilité *(suite)*

SOUVIENS-TOI : Un dé a les nombres 1 à 6 sur ses côtés.

5. a) Fais la liste des nombres sur un dé :

    _____

    b) Combien de résultats y a-t-il quand tu lances un dé? _____

6. a) Fais la liste des nombres pairs sur un dé :

    _____

    b) Combien de façons peux-tu obtenir un nombre pair en lançant un dé?

    _____

    c) Quelle est la probabilité d'obtenir un nombre pair en lançant un dé?

    _____

7. a) Fais la liste des nombres plus grands que 4 sur un dé :

    _____

    b) Combien de façons peux-tu obtenir un nombre plus grand que 4 en lançant un dé?

    _____

    c) Quelle est la probabilité d'obtenir un nombre plus grand que 4 en lançant un dé?

    _____

8. a) Fais la liste des nombres plus petits que 3 sur un dé :

    _____

    Quelle est la probabilité d'obtenir un nombre plus petit que 3 avec un dé?

    _____

    b) Fais la liste des nombres impairs sur un dé :

    _____

    Quelle est la probabilité d'obtenir un nombre impair avec un dé?

    _____

    c) Fais la liste des nombres qui sont des multiples de 3 sur un dé :

    _____

    Quelle est la probabilité d'obtenir un multiple de 3 avec un dé?

    _____

9.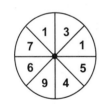

    Écris une fraction qui donne la probabilité d'obtenir …

    a) le nombre 1.

    b) le nombre 3.

    c) un nombre pair.

    d) un nombre impair.

    e) un nombre plus petit que 5.

    f) un nombre plus grand que 5.

10.

    Écris une fraction qui donne la probabilité d'obtenir …

    a) la lettre A.

    b) la lettre C.

    c) la lettre E.

    d) une voyelle.

    e) une consonne.

    f) une lettre du mot « Canada. »

11. Claire dit que la probabilité d'obtenir un 5 sur un dé est $\frac{5}{6}$. Emma dit que la probabilité est $\frac{1}{6}$. Qui a raison? Explique.

12. Dessine une roulette sur laquelle la probabilité d'obtenir le rouge est $\frac{3}{8}$.

NOTE : On dit que deux événements ou plus sont <u>également probables</u> quand ils ont la même chance de se produire,

1. a) Tes chances d'obtenir le rouge et le jaune sont-elles également probables? Explique.

   b) Tes chances d'obtenir le rouge et le jaune sont-elles également probables? Explique.

2. Un jeu de chance est **juste** si les deux joueur on la même chance de gagner.
   Quels jeux suivants sont justes?
   Pour les jeux qui sont injustes, quel joueur a la meilleure chance de gagner?

   a)

   Le joueur # 1 doit obtenir le rouge pour gagner.

   Le joueur # 2 doit obtenir le bleu pour gagner.

   Est-ce juste?   oui   non

   b)

   Le joueur # 1 doit obtenir le rouge pour gagner.

   Le joueur # 2 doit obtenir le bleu pour gagner.

   Est-ce juste?   oui   non

3. Imogen lance un dard sur la cible.
   Écris la probabilité que le dard frappe chacune des couleurs.

   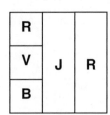

   P(R) = _____

   P(V) = _____

   P(J) = _____

   P(B) = _____

4. Écris les lettres A, B, et C sur la roulette afin que la probabilité d'obtenir …

   ➢ un A est ,3
   ➢ un B est ,5
   ➢ un C est ,2

   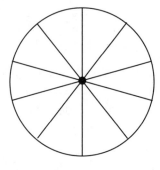

5. a) Combien y a-t-il d'enfants dans la classe?
   b) On choisit un enfant pour faire les annonces du matin. Quelle est la probabilité que cet enfant soit une fille?
   c) Quelle est la probabilité que cet enfant soit un garçon de 10 ans?

Âge	Nombre de garçons	Nombre de filles
10	3	2
11	4	7
12	5	4

   d) Fais ton propre problème en utilisant les nombres du tableau.

PDM6-24: Les attentes

Kate veut faire tourner la roulette 15 fois dans le but de voir combien de fois elle obtiendra le jaune.

Puisque $\frac{1}{3}$ de la roulette est jaune, Kate **s'attend** à obtenir le jaune $\frac{1}{3}$ du temps.

Kate trouve $\frac{1}{3}$ de 15 en le divisant par 3 : **15 ÷ 3 = 5**

Elle s'attend donc que la roulette s'arrête sur le jaune <u>cinq</u> fois.

NOTE : Il se peut que la roulette ne s'arrête pas réellement sur le jaune cinq fois, mais cinq est le nombre _le plus probable_ de fois qu'elle obtiendra le « jaune ».

----

1. Écris le nombre de morceaux qu'il y a dans la tarte et le nombre de morceaux gris.
   Encercle ensuite les tartes dont la <u>moitié</u> des morceaux sont gris.

   a) 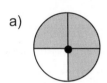   b)   c)   d)   e)

   ___ morceaux gris   ___ morceaux gris   ___ morceaux gris   ___ morceaux gris   ___ morceaux gris

   ___ morceaux   ___ morceaux   ___ morceaux   ___ morceaux   ___ morceaux

2. Encercle ensuite les tartes dont la _moitié_ des morceaux sont gris. Fais un grand 'X' sur les tartes dont _moins que la moitié_ des morceaux sont gris.

   INDICE : Compte les morceaux gris et les morceaux blancs en premier.

   a)   b)   c)   d)   e)   f)

3. En utilisant la division longue, trouve …

   a) $\frac{1}{2}$ de 10   b) $\frac{1}{2}$ de 24   c) $\frac{1}{2}$ de 48   d) $\frac{1}{2}$ de 52

4.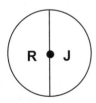

   Quelle fraction des tours de roulette t'attends-tu d'obtenir le rouge?

   a) Je m'attends d'obtenir le rouge _____ des tours de roulette.

   b) Si tu fais tourner la roulette 20 fois, combien de fois t'attends-tu d'obtenir le rouge? _____

5. Si tu lances une pièce de monnaie 40 fois, combien de fois t'attends-tu d'obtenir face? Explique.

6. Utilise la division longue pour résoudre les problèmes suivants.

   a) $\frac{1}{3}$ de 42   b) $\frac{1}{3}$ de 75   c) $\frac{1}{4}$ de 52   d) $\frac{1}{4}$ de 84

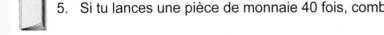

jump math
MULTIPLYING POTENTIAL

Probabilité et traitement de donneés 2

7. Combien de fois t'attends-tu d'obtenir le *jaune* si tu fais tourner la roulette …

   a) 15 fois?

   b) 36 fois?

   c) 66 fois?

   _____   _____   _____

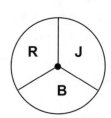

8.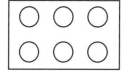

   Combien de fois t'attends-tu d'obtenir le *rouge* si tu fais tourner la roulette …

   a) 16 fois?

   b) 44 fois?

   c) 96 fois?

   _____   _____   _____

9. Colorie les billes en rouge et en vert (ou identifie-les avec un R et un V) afin d'illustrer la probabilité de piger une bille de la couleur donnée.

   a) P(Rouge) = $\frac{1}{2}$

   b) P(Vert) = $\frac{1}{3}$

   c) P(Rouge) = $\frac{2}{5}$

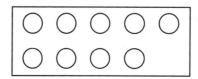

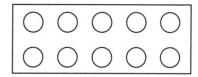

   d) P(Rouge) = $\frac{3}{4}$

   e) P(Vert) = $\frac{2}{3}$

   f) P(Rouge) = $\frac{3}{4}$

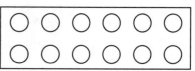

10. Dessine une roulette sur laquelle tu t'attends de t'arrêter sur le rouge $\frac{3}{4}$ des tours.

11. Sur une roulette, la probabilité d'obtenir le jaune est $\frac{2}{3}$.

    Quelle est la probabilité d'obtenir une couleur qui n'est *pas* jaune? Explique ta réponse avec une illustration.

12. Combien de fois t'attends-tu d'obtenir le bleu si tu fais tourner la roulette 50 fois?

    Explique ta pensée.

13. Combien de fois t'attends-tu d'obtenir le jaune si tu fais tourner la roulette 100 fois?

    Explique ta pensée.

PDM6-25: Décrire la probabilité

- Si un événement ne peut pas se produire, on dit qu'il est **impossible**.
  Exemple : Lancer le nombre 8 sur un dé est *impossible* (car un dé n'a que les nombres 1, 2, 3, 4, 5, et 6).

- Si un événement *doit* se produire, on dit qu'il est **certain**.
  Exemple : Quand tu lances un dé, il est *certain* que tu obtiendras un nombre plus petit que 7.

- Il est **probable** que tu obtiennes le jaune sur la roulette ci-contre.
  (puisque plus que la moitié de la roulette est jaune).

- Il est **improbable** que tu obtiennes le rouge sur la roulette ci-contre.
  (puisqu'il n'y a qu'une petite section de la roulette qui est rouge).

- Quand on s'attend à ce qu'un événement se produise exactement la moitié des fois, on dit qu'il y a des chances **égales** que cet événement se produise.

----

1. Décris chaque événement comme étant « probable » ou « improbable. »
   INDICE : Commence en trouvant si l'événement se produira la moitié du temps ou moins que la moitié du temps.

a)

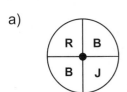

obtenir le rouge est :

_____

b)

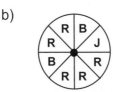

obtenir le rouge est :

_____

c)

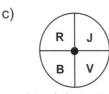

obtenir le vert est :

_____

d)

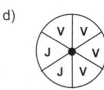

obtenir le vert est :

_____

2. Écris **P** pour probable, **I** pour improbable, ou **E** pour égal à côté de chaque événement.

   a) 8 bas dans un tiroir; 5 bas noirs
      <u>Événement</u> : Tu sors un bas noir. _____

   b) 20 dans une poche; 9 pièces de 1 cent
      <u>Événement</u> : Tu sors un cent. _____

3. Décris chaque événement comme étant « impossible », « improbable », « probable » ou « certain. »

a)

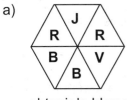

obtenir le bleu :

_____

b)

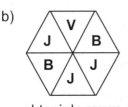

obtenir le rouge :

_____

c)

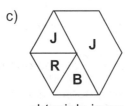

obtenir le jaune :

_____

d)

obtenir le jaune :

_____

4. Fais correspondre la probabilité avec la bonne description de l'événement.

   A. La probabilité que l'événement soit 0.   _____ l'événement est improbable

   B. La probabilité que l'événement soit 1.   _____ l'événement est impossible

   C. La probabilité que l'événement soit moins que $\frac{1}{2}$.   _____ l'événement est probable

   D. La probabilité que l'événement soit plus que $\frac{1}{2}$.   _____ l'événement est certain

NOTE : Tu peux montrer la vraisemblance des événements en utilisant une droite des probabilités.

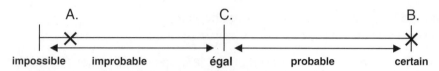

A.   C.   B.

impossible   improbable   égal   probable   certain

A. Il pourrait neiger à Toronto en août mais c'est très improbable.
Tu ferais alors un X près du mot « impossible » sur la droite de probabilité.

B. Si tu lances un dé, tu vas certainement obtenir un nombre plus petit que 19.
Tu ferais alors un X près du mot «certain» sur la droite de probabilités.

C. Une probabilité **égale** veut dire que l'événement se produit la moitié du temps.

5.

impossible   improbable   égal   probable   certain

Fais un 'X' sur la droite ci-dessus pour indiquer...

A. La chance d'obtenir un nombre plus petit que 20 en lançant un dé.

B. La chance de voir un loup dans la rue.

C. La chance d'obtenir pile en lançant une pièce de monnaie.

D. La chance d'obtenir un nombre plus grand que 2 en lançant un dé.

6. Fais un 'X' sur la droite pour montrer la probabilité d'obtenir le rouge (R), le vert (V), le jaune (J), et le bleu (B). Assures-toi d'identifier le 'X' avec la lettre de la couleur.

0   1

7.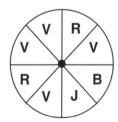

Quelle est la couleur la plus probable à obtenir? _____

Quelles sont les deux couleurs les moins probables à obtenir?

Quel mot décrit le mieux tes chances d'obtenir le rouge?

      Improbable   Égale   Probable

Quel mot décrit le mieux tes chances d'obtenir le vert?

      Improbable   Égale   Probable

8.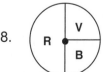

Sur cette roulette, chaque résultat est-il également probable? Explique.

PDM6-26: Jeux et attentes

1. Tanya et Daniel jouent un jeu de chance avec la roulette ci-contre.

   ➢ Si elle s'arrête sur le jaune, Tanya gagne.

   ➢ Si elle s'arrête sur le rouge, Daniel gagne.

   a) Tanya et Daniel font tourner la roulette 20 fois.

   Combien de fois <u>prédis</u>–tu que la roulette s'arrêtera sur le rouge? _____

   b) Quand Tanya et Daniel jouent le jeu, ils inscrivent leurs résultats dans un tableau comme celui-ci.

   Daniel dit que le jeu est injuste. A-t-il raison? Explique.

Vert	Rouge	Jaune
⅏ ⅃ I	⅃⅃⅃⅃	⅏ ⅃
		⅏ ⅃

   _____

   _____

   _____

   _____

2. Si tu lances une pièce de monnaie 20 fois …

   a) Combien de fois penses-tu quelle tombera sur le côté face?

   b) Quel tableau montre le résultat *le plus probable* que tu obtiendras?

   A

Face	Pile
⅏ ⅏ ⅏	⅏

   B

Face	Pile
⅏ ⅏ I	⅏ ⅃⅃⅃⅃

   C

Face	Pile
⅏ II	⅏ ⅏ III

3. Si tu fais tourner la roulette 18 fois …

   a) Combien de fois t'attends-tu à ce quelle s'arrête sur le vert?

   b) Quel tableau montre le résultat *le plus probable* que tu obtiendras?

   c) Quel résultat te surprendrait le plus?

   A

vert	rouge
⅏ II	⅏ ⅏ I

   B

vert	rouge
⅏ ⅏	⅏ III

   C

vert	rouge
⅏ ⅏ ⅏ II	I

4. Place la pointe de ton crayon au bout d'un trombone et au milieu de la roulette.
    NOTE : Tiens bien le crayon afin de faire tourner le trombone autour.

    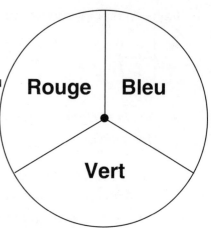

    a) Si tu fais tourner la roulette 30 fois, combien de fois penses-tu quelle s'arrêtera sur le rouge? Montre ton travail.
        INDICE : Pense a diviser 30 tours en 3 parties égales.

    b) Fais tourner la roulette 30 fois. Compte tes résultats. Correspondent-ils à ce que tu t'attendais?

5. Si tu lances un dé répétitivement, à quelle fraction des lancers le dé tombera-t-il sur le 6? Explique.

6. Tu as 3 billets de dollars dans ta poche :

    - un billet de 5 $
    - un billet de 10 $
    - un billet de 20 $

    Tu piges dans ta poche et tu sors une <u>paire</u> de billets.

    a) Quelles combinaisons possibles de deux billets peux-tu en sortir?

    b) Les chances de sortir une paire de billets totalisant jusqu'à 30 $ sont-elles probables ou improbables?

    c) Comment as-tu résolu le problème de b)? As-tu fait une liste? Une illustration? Un calcul?

7. Écris des nombres sur les roulettes afin de les faire correspondre aux probabilités données.

    a)

    La probabilité d'obtenir un 3 est $\frac{1}{4}$.

    b)

    La probabilité d'obtenir un nombre pair est $\frac{5}{6}$.

    c)
    La probabilité d'obtenir un multiple de 3 est $\frac{2}{5}$.

    d)

    La probabilité d'obtenir un 2 est $\frac{1}{2}$.

PDM6-27: Problèmes et énigmes

1. Fais correspondre la roulette au bon énoncé.

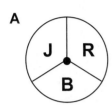

A   B   C   D

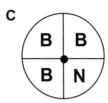
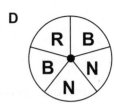

__ Obtenir le bleu est 3 fois plus probable que d'obtenir le noir.

___ Obtenir toute couleur est également probable.

__ Obtenir le bleu et le noir est également probable.

__ Obtenir une des couleurs est 2 fois plus probable que toute autre couleur.

2. Associe le plan du dé en triangle ⟨⟩ avec l'énoncé qui lui convient.

A   B   C   D

____ La probabilité d'obtenir le 1 est $\frac{1}{4}$.

____ La probabilité d'obtenir un nombre impair est $\frac{3}{4}$.

____ La probabilité d'obtenir un nombre pair est $\frac{3}{4}$.

____ La probabilité d'obtenir le 3 est $\frac{1}{2}$.

3. Associe le plan du cube ( ) avec l'énoncé qui lui convient.

A 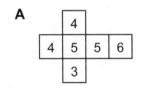   B 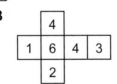   C 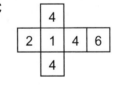   D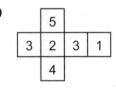

_____ La probabilité d'obtenir le 5 est $\frac{1}{6}$.

_____ La probabilité d'obtenir le 4 est $\frac{1}{2}$.

_____ La probabilité d'obtenir un nombre pair est $\frac{1}{2}$.

_____ La probabilité d'obtenir le 1 est la même que la probabilité d'obtenir un 3.

4. Écris des nombres sur les roulettes afin que la probabilité d'obtenir …

a)    b) 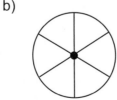   c)    d)

… un 3 est $\frac{1}{2}$.   … un nombre pair est $\frac{5}{6}$.   … un multiple de 3 est $\frac{2}{5}$.   … un 2 est $\frac{1}{2}$.

NOTE À L'ENSEIGNANT : Les 3 prochaines sections sont des unités enrichies, au-delà du curriculum régulier.

À un camp de sport, Erin doit choisir entre les sports suivants :

Matin – gymnastique ou kayak

Après-midi – volleyball, hockey ou rugby

Erin fait un **diagramme en arbres** afin de voir tous ses choix.

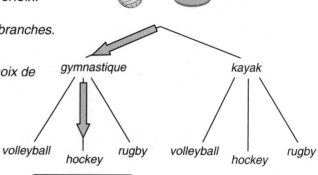

<u>Étape 1</u> : *Elle écrit les deux choix du matin au bout de deux branches.*

<u>Étape 2</u> : *Elle ajoute trois branches (une pour chacun des choix de de l'après-midi) sous ses choix du matin.*

<u>Étape 3</u> : *Tu peux voir les choix d'Erin en suivant le chemin le long des branches (du haut vers le bas).*

> **am** : *gymnastique*
> **pm** : *hockey*

Exemple : Le chemin indique par les flèches montre qu'elle a choisi la gymnastique le matin et le hockey dans l'apres-midi.

- -

1. Suis le chemin à partir du haut de l'arbre jusqu'au bas et écris dans la boite les sports qui sont indiqués dans le chemin. Continue jusqu'à ce que tu aies rempli toutes les boites.

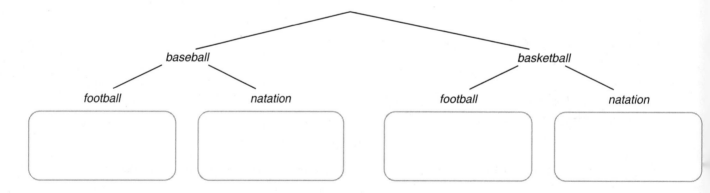

2. Complète la représentation en arbre afin de montrer tous les résultats possibles en lançant une pièce de monnaie deux fois (F = face et P = pile).

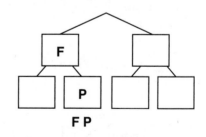

3. Le camp de Matthew offre les choix d'activités suivantes : **Matin** – cricket ou kayak

   Après-midi – tae kwon do ou judo.

   Fais un diagramme en arbres (comme à la question 1) pour montrer tous ses choix.

jump math
MULTIPLYING POTENTIAL

4. Emma joue un jeu de rôles et son personnage explore un tunnel dans une caverne.

Fais la liste de tous les chemins de la caverne en utilisant H pour haut et B pour bas.

a) Combien de chemins y a-t-il dans la caverne?

_____

b) Un dragon attend au bout d'un des chemins. Crois-tu qu'il est probable ou improbable que le personnage d'Emma rencontre le dragon? Explique.

_____

_____

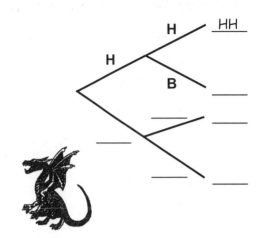

5. Complète le diagramme en arbres pour montrer tous les résultats possibles en lançant une pièce et ensuite pigeant une bille de la boite.

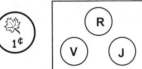

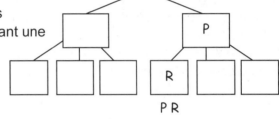

6. Fais un diagramme en arbres pour montrer toutes les combinaisons de nombres que tu peux obtenir en faisant tourner les deux roulettes.

a) Combien de paires de nombres donnent quatre ou moins?

b) Combien de paires de nombres donnent quatre?

7. Un restaurant offre les choix suivants pour le petit déjeuner : **Plat principal** – œufs ou crêpes

Jus – pomme, orange ou raisins

Fais un diagramme en arbres pour montrer tous les choix possibles pour le petit déjeuner.

8. Fais un diagramme en arbres pour montrer toutes les combinaisons de points que tu peux obtenir en lançant 2 dards. Combien de combinaisons donnent jusqu'à 5?

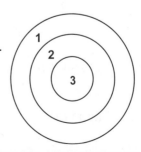

Abdul veut savoir combien de résultats il y a dans un jeu avec <u>deux</u> roulettes.

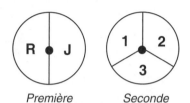

Première roulette   *Seconde roulette*

Étape 1 :	Première roulette	Seconde roulette
Il y a <u>3 résultats</u> avec la seconde roulette alors Abdul fait une liste de chacune des couleurs sur la premiere roulette <u>3 fois</u>.	R	
	R	
	R	
	J	
	J	
	J	

Étape 2 :	Première roulette	Second roulette
Abdul écrit à côté de chaque couleur les <u>3 résultats possibles</u> avec la seconde roulette.	R	1
	R	2
	R	3
	J	1
	J	2
	J	3

Cette liste montre qu'il y a <u>6 résultats</u> en tout pour ce jeu.

Pour chacune des questions ci-dessous, réponds à a) et b) en premier. Complète ensuite la liste des combinaisons pour montrer toutes les façons qu'Abdul peut d'obtenir une couleur et un nombre.

1.

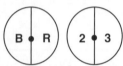

a) Combien de résultats y a-t-il pour la seconde roulette?

_____

b) Combien de fois Abdul doit-il écrire B (pour bleu) et R (pour rouge) sur sa liste?

_____

c) Combien de résultats y a-t-il en tout dans ce jeu?

_____

Première roulette	Seconde roulette

2.

J ● V | 1 2 / 4 3 |

a) Combien de résultats y a-t-il pour la seconde roulette?

_____

b) Combien de fois Abdul doit-il écrire J (pour jaune) et V (pour vert) sur sa liste?

_____

c) Combien de résultats y a-t-il en tout dans ce jeu?

Première roulette	Seconde roulette

3.

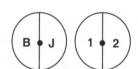

a) Combien de résultats y a-t-il pou la seconde roulette?

_____

b) Combien de fois Abdul doit-il écrire B (pour bleu) et J (pour jaune) sur sa liste?

_____

c) Combien de résultats y a-t-il en tout dans ce jeu?

_____

Première roulette	Seconde roulette

4.

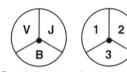

a) Combien de résultats y a-t-il pour la seconde roulette?

_____

b) Combien de fois Abdul doit-il écrire V (pour vert), B (pour bleu) et J (pour jaune) sur sa liste?

_____

c) Combien de résultats y a-t-il en tout dans ce jeu?

_____

Première roulette	Seconde roulette

5. Il y a deux résultats si tu lances une pièce : pile (P) ou face (F).

   Fais une liste des résultats pour lancer une pièce et faire tourner la roulette.

Piece	Roulette

6. Peter a un 25¢ et un 10¢ dans sa poche gauche et un 10¢ et un 5¢ dans sa poche droite.

   Il sort une pièce de chaque poche.

   Fais une liste de toutes les combinaisons de pièce.

Poche droite	Poche gauche	Valeur des pieces

7. Claire choisit les activités suivantes à un camp d'art :

   Matin – peinture ou musique

   Après-midi – théâtre, poterie ou danse

   Elle fait un tableau afin de voir tous ses choix. Elle commence en écrivant chacun des choix du matin 3 fois.

   a) Complète le tableau pour montrer tous les choix de Claire.

   b) Pourquoi Claire a-t-elle écrit chacun des choix du matin 3 fois?

Matin	Après-midi
peinture	
peinture	
peinture	
musique	
musique	
musique	

8. Fais un tableau pour montrer toutes les activités que tu peux choisir à un camp qui offre les choix suivants :

   Matin – natation ou tennis   **Après-midi –** canoë, baseball ou randonnée

9.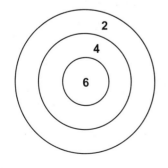

1st dard	2e dard	Pointage final

   a) Ecris tous les pointages que tu peux obtenir en lançant deux dards sur le tableau. (Suppose que les deux dards atteignent le tableau.)

   b) Y a-t-il des combinaisons qui donnent le même pointage?

1. Écris un ensemble de paires afin de montrer toutes les combinaisons que tu peux obtenir en faisant tourner deux roulettes.

    NOTE : la première est déjà faite pour toi et les deux autres sont partiellement faites.

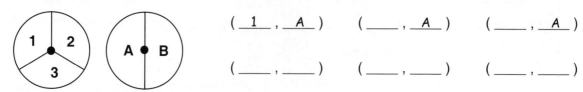

(_1_ , _A_)   (___ , _A_)   (___ , _A_)

(___ , ___)   (___ , ___)   (___ , ___)

a) Combien de résultats y a-t-il? _____

b) De combien de façons peux-tu obtenir... (i) 1 sur la 1e roulette et A sur la 2e? _____

    (ii) un nombre impair sur la 1e et B sur la 2e? _____

c) Quelle est la <u>probabilité</u> d'obtenir chaque situation de b) : (i) _____   (ii) _____

2. a) Écris un ensemble de paires pour montrer toutes les combinaisons que tu peux obtenir avec ces deux roulettes.

    b) Quelle est la probabilité d'obtenir ...

    (i) 1 sur la 1e roulette et A sur la 2e?

    (ii) un nombre impair sur la 1e et B sur la 2e?

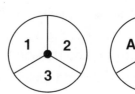

3. Écris un ensemble de paires pour montrer toutes les combinaisons que tu peux obtenir avec les paires suivantes.

    a) Lancer une pièce et faire tourner une roulette :   b) Lancer une paire de dés triangulaires :

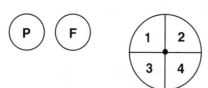   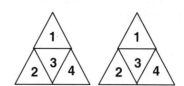

4. Jason a un billet de 5 $ et un de 10 $ dans sa poche <u>droite</u> et un 5 $ et un 10 $ dans sa poche <u>gauche</u>.

    Il sort <u>un</u> billet de chaque poche.

    a) Fais la liste des combinaisons de billets qu'il peut sortir de ses poches.

    b) Quelle est la probabilité qu'il sorte une paire de billets dont la valeur est de 15 $?

Poche droite	Poche gauche	Valeur des billets

G6-21: Les systèmes de coordonnées

On identifie les rangées et les colonnes avec une paire de nombres entre parenthèses. Le premier nombre indique la colonne et le second nombre montre la rangée.

$$(5,3)$$

colonne   rangée

NOTE : On peut utiliser des lettres à la place de nombres, comme à la question 2 ci-dessous.

- -

1. Encercle les points que tu trouveras dans les positions suivantes (tu peux relier les points si tu veux).

a)

Colonne 2
Rangée 1

b)

Colonne 3
Rangée 2

c)

Colonne 3
Rangée 1

d)

Colonne 2
Rangée 2

e)

(2,1)

f)

(3,2)

g)

(1,2)

h)

(2,3)

2. Encercle les points pour les positions suivantes.

a)

(A,3)

b)

(Y,B)

c)

(0,2)

d)

(0,0)

3. Mets les points à la bonne position et inscris la lettre associée aux coordonnés près de chaque point
La première est déjà faite pour toi.

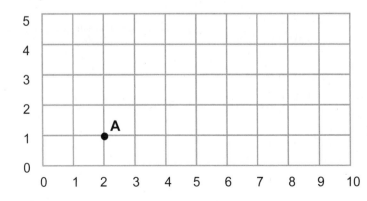

A (2,1)   **B** (8,4)   **C** (5,5)

D (4,2)   **E** (1,5)   **F** (10,3)

G (0,0)   **H** (3,4)   **I** (6,5)

4. Encercle les points qui se trouvent aux positions suivantes.

a)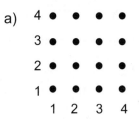

Colonne 2
Rangée 3

b)
```
Z  •  •  •  •
Y  •  •  •  •
X  •  •  •  •
W  •  •  •  •
   1  2  3  4
```
(2,X)

c)
```
4  •  •  •  •
3  •  •  •  •
2  •  •  •  •
1  •  •  •  •
   1  2  3  4
```
(4,1)

d)
```
4  •  •  •  •  •  •  •
3  •  •  •  •  •  •  •
2  •  •  •  •  •  •  •
1  •  •  •  •  •  •  •
   1  2  3  4  5  6  7
```
(3,4)

e)
```
4  •  •  •  •  •  •  •
3  •  •  •  •  •  •  •
2  •  •  •  •  •  •  •
1  •  •  •  •  •  •  •
   1  2  3  4  5  6  7
```
Colonne 7
Rangée 2

f)
```
D  •  •  •  •
C  •  •  •  •
B  •  •  •  •
A  •  •  •  •
   A  B  C  D
```
(A,C)

5. Mets les points à la bonne position et inscris la lettre associée aux coordonnés près de chaque point.

A (4,7)   **B** (9,3)

C (2,1)   **D** (2,3)

E (0,5)   **F** (7,7)

G (5,6)   **H** (9,0)

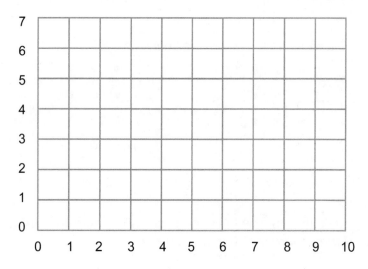

6.
```
C •————————• D
  |         |
  |         |
B •—————————• A
  |         |
  |         |
  •—————————•
(0,0)     (5,0)
```

Le diagramme ci-contre montre une grille avec des lignes incomplètes.

A est à (5,5).

Écris les coordonnées de B, C et D :

B (,   )   **C** (,   )   **D** (,   )

7. Écris les coordonnées pour les points suivants.

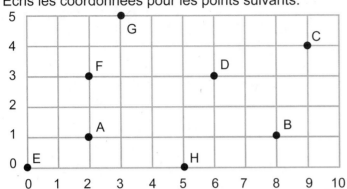

A (,   )   B (,   )

C (,   )   D (,   )

E (,   )   F (,   )

G (,   )   H (,   )

⬡ **ENSEIGNANT : Révisez les définitions des polygones avant de continuer avec les questions suivantes.**

8. Mets chaque couple de coordonnées dans le graphique et relie les points pour former un polygone. Identifie le polygone que tu as dessiné.

a)

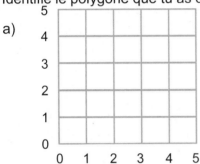

A (1,1)   B (4,1)   C (4,3)

Ce polygone est un _____.

b)

A (1,1)   B (3,1)   C (3,3)   D (2,4)   E(1,3)

Ce polygone est un _____.

9. Ajoute un point D afin que les quatre points forment le sommet ...

a)

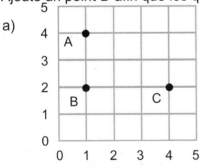

... d'un rectangle. Écris ensuite la coordonnée des quatre sommets :

A (,   ) B (,   ) C (,   ) D (,   )

b)

... un parallélogramme. Écris ensuite les coordonnées des quatre sommets :

A (,   ) B (,   ) C (,   ) D (,   )

📖 **BONUS**

10. Dessine un polygone sur du papier quadrillé. Donne les coordonnées des sommets à une personne pour voir si elle peut nommer ce polygone.

 jump math
MULTIPLYING POTENTIAL

G6-22: Les systèmes de coordonnées (avancé)

Une grille qui a été agrandie pour inclure
des nombres négatifs s'appelle un
système cartésien de coordonnées.

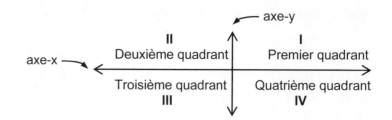

1. Identifie le point d'origine (0)
   ainsi que l'axe-x et l'axe-y.

2.

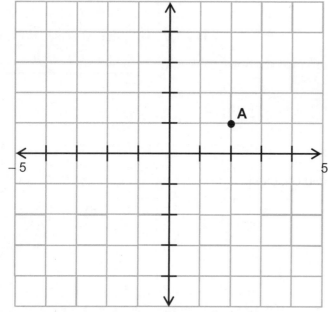

Trace les points suivants.

A (2, 1)   **B** (4, 3)

C (− 4, − 4)   **D** (3, − 5)

E (3, − 4)   **F** (5, 0)

G (− 3, 0)   **H** (0, − 1)

I (0, 4)

3. Trace les points sur du papier quadrillé et relie les points. Quel polygone as-tu dessiné?

   a) **A** (2, 2)   **B** (5, 1)   **C** (6, 4)   **D** (3, 5)
   b) **A** (− 2, 0)   **B** (− 2, 4)   **C** (− 4, 2)   **D** (− 4, − 2)
   c) **A** (− 1, − 2)   **B** (0, − 2)   **C** (3, − 4)   **D** (− 1, − 4)
   d) **A** (2, 1)   **B** (1, 3)   **C** (0, 1)   **D** (1, − 1)

1. De combien d'unités à **droite ou à gauche** le point s'est-il déplacé, de la position 1 à la position 2?

G   a) 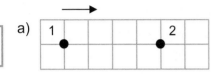   b) 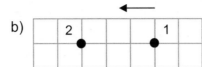   c) 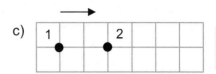   **D**

_____ unités à droite   _____   _____

2. De combien d'unités à **droite ou à gauche, et vers le haut** ou vers le **bas** le point s'est-il déplacé, de la position 1 à la position 2?

a) 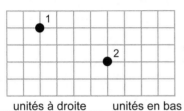   b) 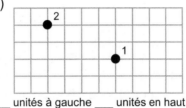   c)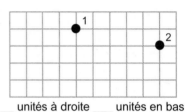

___ unités à droite ___ unités en bas   ___ unités à gauche ___ unités en haut   ___ unités à droite ___ unités en bas

3. Déplace le point de….

a) 5 unités à droite; 2 unités en bas   b) 6 unités à gauche; 3 unités en haut   c) 3 unités à gauche; 4 unités en bas

   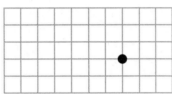   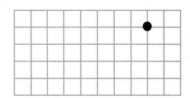

4. Copie la figure dans la dans la seconde grille.

a) 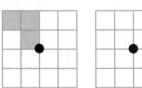   b) 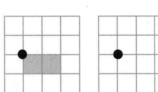   c)

5. Fais glisser le point de trois unités en bas et copie ensuite la figure.

a) 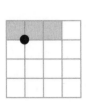   b)   c) 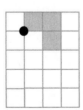   d)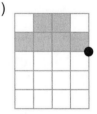

6. Fais glisser la figure de 5 boites à droite et 2 boites en bas.

a) 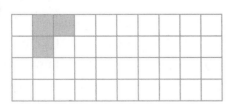   b)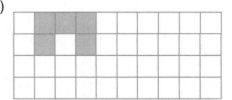

G6-24: Les translations (avancé)

1. Voici la translation d'un carré.

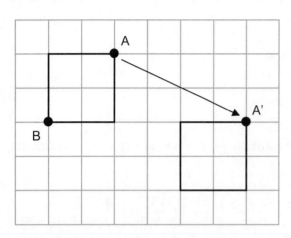

a) Décris comment le point A s'est déplacé au point A'.

_____

b) Fais une flèche qui montre où est allé le point B après la translation.

c) Décris comment le point B s'est déplacé :

_____

d) Les autres points du carré ont-ils bougé du même nombre de carrés?

_____

2. Fais une flèche de translation à partir du sommet de la figure A jusqu'au vertex correspondant de A'. Décris ensuite comment la figure s'est déplacée de la position A jusqu'à A'.

a)

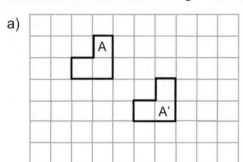

b)

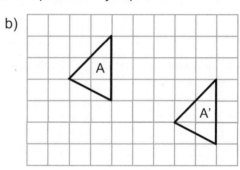

_____   _____

3. Fais glisser les figures dans les grilles ci-dessous. Décris de combien de cases elles ont bougé (à droite/à gauche et en haut/en bas).

a)

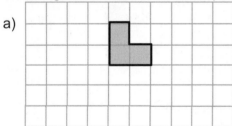

b)

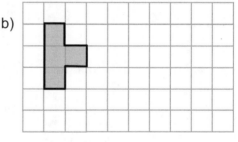

Ma translation : _____   Ma translation : _____

4. Fais glisser une figure sur du papier quadrillé.
   Fais une flèche de translation entre un point de la figure et un point de son image.
   Décris la distance par laquelle a bougé la figure (à droite/à gauche et en haut/en bas).

5. Dessine 2 grilles de coordonnées sur du papier quadrillé. Dessine ensuite les figures correspondantes. Fais glisser les figures et écris les coordonnées de leurs nouveaux sommets.

   a) Carré avec les sommets A(1,1), B(1,3), C(3, 3), D(3, 1). Fais-le glisser de 3 unités à droite et 4 en haut.

   b) Triangle avec les sommets A(3, 7), B(2, 5), C(5, 4). Fais-le glisser de 4 unités à droite et 3 en bas.

1. Réponds aux questions suivantes en utilisant le système de coordonnées.

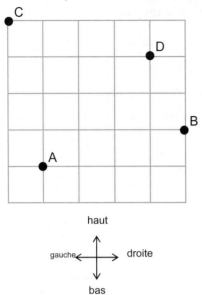

haut

gauche ← → droite

bas

a) Quel point est à 1 unité à gauche et 4 en haut de A?

b) Quel point est à 3 unités à gauche et 3 en bas de D?

c) Quel point est à 3 unités en bas et 5 à droite de C?

d) Décris comment passer du point B au point D :

e) Décris comment passer au point B à partir du point A :

f) Décris comment passer au point A à partir du point C :

2. Réponds aux questions suivantes en utilisant le système de coordonnées.

	A	B	C	D	E
4				ville	
3		colline			falaise
2					vallée
1	lac				

1 km

nord

ouest ← → est

sud

INDICE:
Chaque carré représente un km.

a) Que trouves-tu dans le carré (B, 3)?

b) Que trouverais-tu si tu parcourais 1 km au nord de la vallée?

c) Écris les coordonnés du lac.

d) Décris comment se rendre de la ville à la colline.

e) Décris comment se rendre du lac à la falaise.

Shane fait refléter la figure en la faisant pivoter sur l'axe de réflexion. Chaque point de la figure pivote sur le côté opposé de l'axe de réflexion mais demeure à la même distance de l'axe.

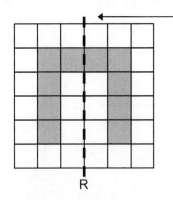

l'axe de réflexion (R)

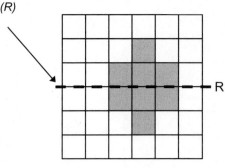

1. Dessine la réflexion des figures ci-dessous.

a)

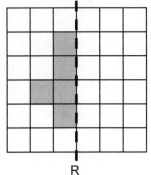

b)

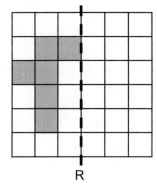

c)

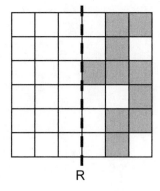

2. Dessine la réflexion des figures suivantes.

a)

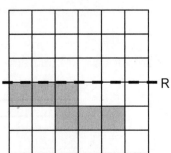

b)

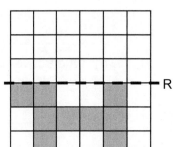

c)

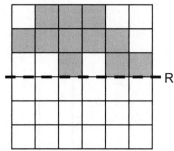

3. Dessine ta propre figure dans la boite ci-dessous. Dessine ensuite la réflexion de ta figure sur l'autre côté de l'axe de réflexion.

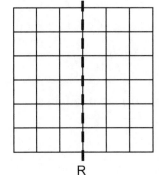

BONUS

Les figures des deux côtés de l'axe de réflexion sont-elles congruentes? Explique ta réponse.

_____

_____

_____

G6-26: Les réflexions *(suite)*

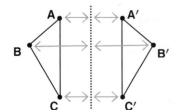

Quand un point est reflété sur l'axe de réflexion, le point et l'image du point sont à la même distance de l'axe de réflexion.

Une figure et son image sont congruentes mais elles font face à des directions opposées.

---

4. Fais refléter le point P sur l'axe de réflexion R. Identifie le point de l'image P′.

a)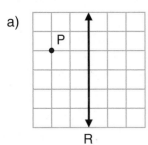
b)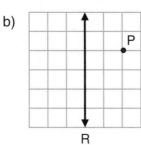
c)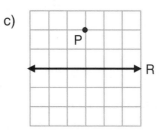
d)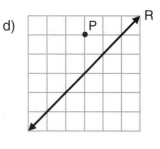

5. Fais refléter les points P, Q et R sur l'axe de réflexion. Identifie les points de l'image O′, P′ et Q′.

a)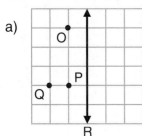
b)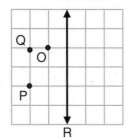
c)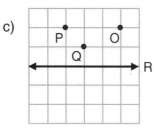
d)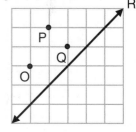

6. Fais refléter la figure en faisant refléter ses points en premier.

a)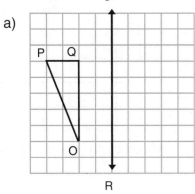
b)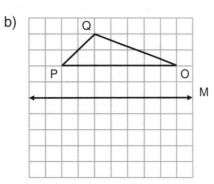
c)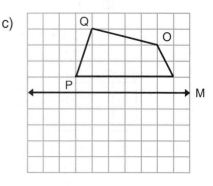

7. Fais refléter les figures.

a)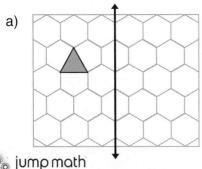
b)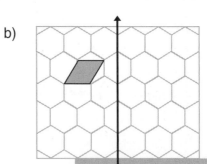

jump math
MULTIPLYING POTENTIAL

Géométrie 2

Alice veut faire tourner cette flèche $\frac{1}{4}$ de tour dans le sens des aiguilles:

Étape 1 :
Elle fait une flèche circulaire pour montrer comment la flèche devrait tourner.

Étape 2 :
Elle dessine la position finale de la flèche.

---

1. Écris la distance qu'a parcourue, dans le sens des aiguilles, chaque flèche du, départ à la fin.

a)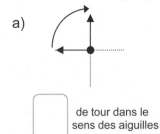

☐ de tour dans le sens des aiguilles

b)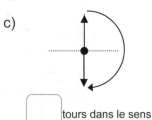

☐ de tour dans le sens des aiguilles

c)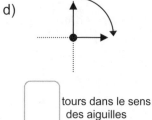

☐ tours dans le sens des aiguilles

d)

☐ tours dans le sens des aiguilles

2. Écris la distance qu'a parcouru, contre le sens des aiguilles, chaque flèche du, départ à la fin.

a)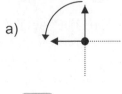

☐ de tour contre le sens des aiguilles

b)

☐ de tour dans le sens inverse des aiguilles

c)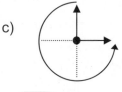

☐ de tour dans le sens des aiguilles

d)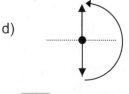

☐ de tour dans le sens des aiguilles

3. Monte où se trouverait la flèche après chaque tour. **INDICE : Utilise la méthode d'Alice.**

a)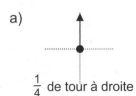

$\frac{1}{4}$ de tour à droite

b)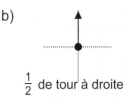

$\frac{1}{2}$ de tour à droite

c)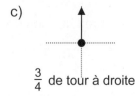

$\frac{3}{4}$ de tour à droite

d)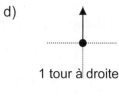

1 tour à droite

e)

$\frac{1}{2}$ de tour à gauche

f)

1 tour à gauche

g)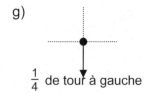

$\frac{1}{4}$ de tour à gauche

h)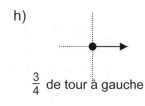

$\frac{3}{4}$ de tour à gauche

BONUS

i)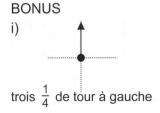

trois $\frac{1}{4}$ de tour à gauche

j)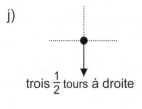

trois $\frac{1}{2}$ tours à droite

k)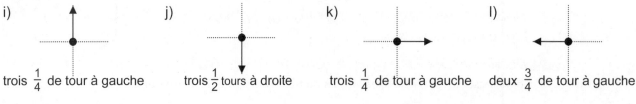

trois $\frac{1}{4}$ de tour à gauche

l)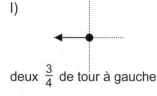

deux $\frac{3}{4}$ de tour à gauche

G6-28: D'autres rotations

1. Montre à quoi ressemblerait la figure après la rotation. Déplace la ligne noire en premier et dessine ensuite le reste de la figure.

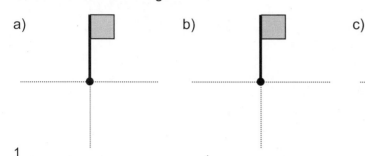 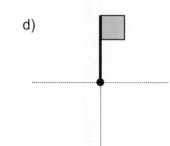

a)

b)

c)

d)

$\frac{1}{4}$ de tour dans le sens des aiguilles

$\frac{1}{2}$ de tour dans le sens des aiguilles

$\frac{3}{4}$ de tour dans le sens des aiguilles

1 tour dans le sens des aiguilles

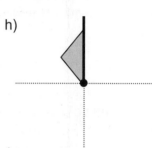

e)

f)

g)

h)

$\frac{1}{4}$ de tour dans le sens des aiguilles

$\frac{3}{4}$ de tour dans le sens des aiguilles

$\frac{1}{4}$ de tour contre le sens des aiguilles

$\frac{1}{2}$ de tour dans le sens des aiguilles

2. Montre à quoi ressemblerait la figure après la rotation

a)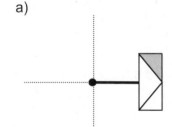

b)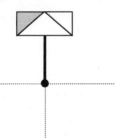

c)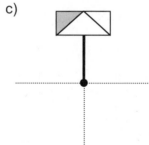

d)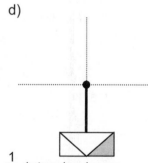

$\frac{1}{4}$ de tour dans le sens des aiguilles

$\frac{3}{4}$ de tour dans le sens des aiguilles

$\frac{1}{4}$ de tour dans le sens des aiguilles

$\frac{1}{2}$ de tour dans le sens des aiguilles

3. Dessine une figure sur du papier quadrillé. Fais un point sur un de ses coins. Montre à quoi ressemblerait la figure si tu la faisais tourner un quart de tour dans le sens des aiguilles autour du point.

4. Étape 1 : *Dessine un trapézoïde sur du papier quadrillé et noircis un des coins, comme ceci.*

   Étape 2 : *Utilise un rapporteur d'angles pour le faire tourner de 120° dans le sens des aiguilles.*

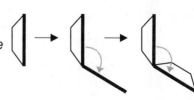

   Étape 3 : *Dessine le trapézoïde dans sa nouvelle position.*

   INDICE : Tu dois mesurer les côtés et les angles du trapézoïde pour le reconstruire.

5. Fais tourner un triangle équilatéral de 60° dans le sens des aiguilles. Que remarques-tu?

G6-29: Les rotations et les réflexions

1. Fais tourner chaque figure de 180° autour du point P et montre la position finale de la figure.

   Utilise la ligne pour t'aider

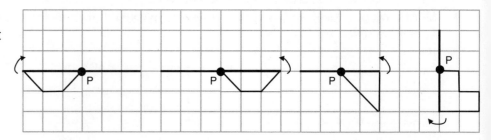

2. Fais tourner chaque figure de 180° autour du point P.
   INDICE : Noircis une des arêtes de la figure en premier. Fais Tourner la figure sur son arête (comme à la question 1).

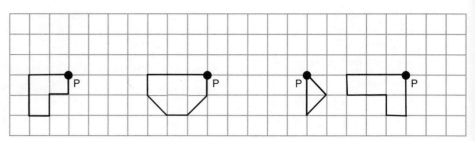

3. Fais tourner chaque figure de 90° autour du point P dans la direction indiquée.

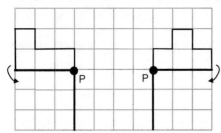

4. Fais tourner chaque figure de 90° autour du point P dans la direction indiquée.
   INDICE : Noircis une des arêtes de la figure et fais-la tourner de 90°.

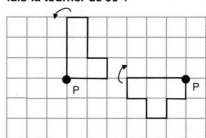

5. Écris 90° à côté de la figure (1 ou 2) qui a été obtenue en la faisant tourner de 90° dans le sens inverse des aiguilles. Écris ensuite 180° à côté de la forme qui a été obtenue en la faisant tourner de 180°.

   a) 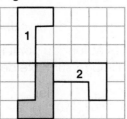   b) 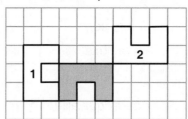   c)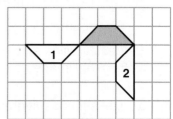

6. Écris 180° à côté de la figure (1 ou 2) qui a été obtenue en la faisant tourner de 180°. Écris ensuite 'R' sur la figure qui a été obtenue en faisant une réflexion. Indique le centre de rotation et dessine l'axe de réflexion.

   a) 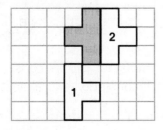   b) 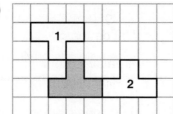   c)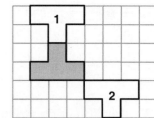

G6-30: Les transformations sur du papier quadrillé et du papier à points

1. Montre l'image de la figure après chaque transformation.

a)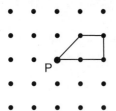

$\frac{1}{4}$ de tour dans le sens des aiguilles autour du point P

b)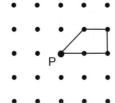

$\frac{1}{2}$ de tour dans le sens des aiguilles autour du point P

c)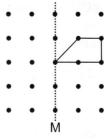

réflexion sur la ligne M

d)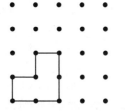

translation de 2 à droite

e)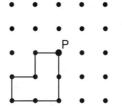

$\frac{1}{4}$ de tour dans le sens inverse des aiguilles autour du point P

f)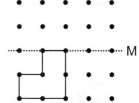

réflexion sur la ligne M

2. a)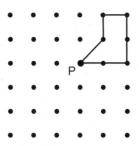

Fais tourner la figure $\frac{1}{4}$ de tour dans le sens des aiguilles autour du point P. Fais ensuite glisser l'image de 2 unités à gauche.

b)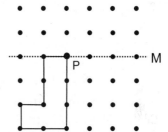

Fais tourner la figure $\frac{1}{4}$ de tour dans le sens des aiguilles autour du point P. Fais ensuite refléter l'image sur l'axe de réflexion

3. Copie la figure suivante 3 fois sur du papier quadrillé.

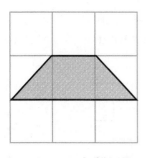

a) Choisis un sommet de la figure comme centre de rotation et fais-la tourner $\frac{1}{4}$ ou $\frac{1}{2}$ autour de ce sommet. Fais ensuite glisser la figure dans n'importe quelle direction. Décris les transformations que tu as utilisées.

b) Fais tourner la figure autour d'un sommet. Fais-la ensuite refléter sur un axe de réflexion de ton choix.

c) Déplace la figure avec une combinaison de <u>deux</u> transformations. Demande à un ami d'identifier les transformations que tu as effectuées.

1. a) Fais glisser la figure **A** de 4 unités à gauche et 2 unités en bas. Identifie l'image **B**.

   b) Fais tourner la figure **B** 90° dans le sens des aiguilles autour du point (5,2). Identifie l'image avec un **C**.

   c) Écris les coordonnées des sommets de **C** :

   (_____ , _____) (_____ , _____)

   (_____ , _____)

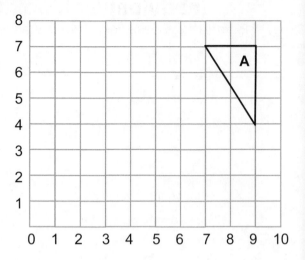

2. a) Fais refléter la figure **A** sur la ligne **L**. Identifie l'image avec un **B**.

   b) Fais tourner **B** de 180° autour du point (7,2). Identifie l'image avec un **C**.

   c) Écris les coordonnées des sommets de **C** :

   (_____ , _____) (_____ , _____)

   (_____ , _____) (_____ , _____)

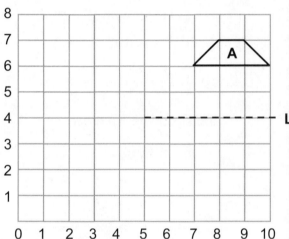

3. Fais tourner le triangle autour du centre P selon l'angle donné. Puis…

   - Fais une ligne du point P jusqu'au sommet du triangle le plus près.

   - Fais tourner la ligne selon l'angle donné en utilisant un rapporteur d'angles (assures-toi que la ligne soit de de la même longueur que l'originale).

   - Fais tourner le triangle comme s'il était attaché à la ligne (assures-toi que les côtés du nouveau triangle soient de la même longueur que ceux du triangle original).

   a) 90° dans le sens inverse des aiguilles   b) 90° dans le sens des aiguilles

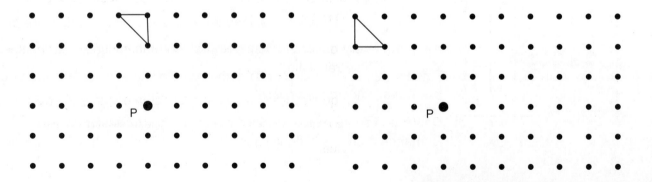

G6-32: Les translations, les rotations et les réflexions (révision)

Réponds aux questions suivantes dans ton cahier de notes.

1.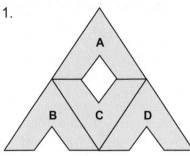

a) Quelle transformation (translation, réflexion ou rotation) peux-tu utiliser pour déplacer la forme A à la …

   (i) forme B?   (ii) forme C?   (iii) forme D?

b) Philipe dit : « Je ne peux pas déplacer la forme C à la forme B en utilisant $\frac{1}{2}$ tour et une translation. » A-t-il raison?

c) Explique comment tu peux déplacer la forme C à la forme D en utilisant une réflexion et une translation.

2. Identifie deux transformations pour lesquelles B devient l'image de A :

3. Décris précisément comment chaque figure s'est déplacée.

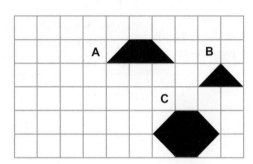  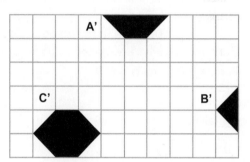

4.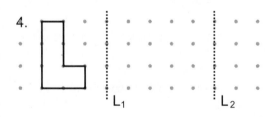

Prédis dans quelle direction la lettre fera face après deux réflexions (sur les lignes L_1 and L_2).

Fais ensuite refléter la lettre pour tester ta prédiction.

5.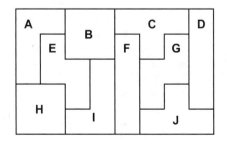

a) Nomme 5 paires de formes congruentes dans cette image.

b) Dessine une axe de symétrie qui te permettrait de refléter la forme E sur la forme G.

c) Pour quelles formes peux-tu vérifier la congruence en utilisant une translation?

d) Pour quelles formes peux-tu vérifier la congruence avec …

   (i) une rotation et une translation?   (ii) une réflexion et une translation?

Explique.

Géométrie 2

ENSEIGNANT : Vous aurez besoin, pour les exercices sur cette page, de la plasticine et de cure-dents .

Pour faire un squelette d'une **pyramide**, commence par faire la
base. La base peut être un triangle ou un carré.

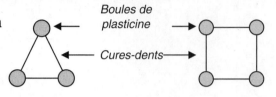

Ajoute ensuite une arête à chaque sommet de la base et attache les arêtes à un point.

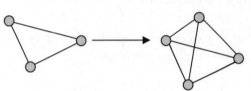

Pyramide triangulaire

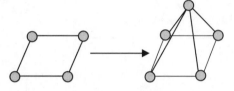

Pyramide carrée

Après avoir fait une pyramide triangulaire et une pyramide carrée, essaie d'en faire une qui a une base à
cinq côtés (une pyramide pentagonale). Complète ensuite le tableau suivant.

1.

	Dessine la forme de la base	Nombre de côtés de la base	Nombre d'arêtes de la pyramide	Nombres de sommets de la pyramide
Pyramide triangulaire				
Pyramide carrée				
Pyramide pentagonale				
Pyramide hexagonale				

2. Décris la régularité que tu vois dans chaque colonne du tableau.
   Sers-toi de cette régularité pour compléter la section de la pyramide hexagonale.

3. Décris les relations que tu retrouves dans les colonnes du tableau.

   **PAR EXEMPLE : Quelle est la relation entre les côtés de la base d'une pyramide et son nombre de sommets
   son nombre d'arêtes ?**

4. Combien de sommets et d'arêtes y a –t-il dans une pyramide octogonale?

G6-34: Construire des prismes

Pour faire un squelette d'un **prisme**, commence en faisant la base (comme tu l'as fait avec la pyramide). Cependant, tu as aussi besoin de faire le dessus d'un prisme, qui est une copie de la base.

Relie maintenant chaque sommet de la base à un sommet du haut.

Après avoir fait un prisme triangulaire et un cube, essaie de faire un prisme avec une base à cinq côtés. (un prisme pentagonal). Complète ensuite les trois premières rangées du tableau suivant.

1.

	Dessine la forme de la base	Nombre de côtés de la base	Nombre d'arêtes du prisme	Nombre de sommets du prisme
Prisme triangulaire				
Cube				
Prisme pentagonal				
Prisme hexagonal				

2. Décris la régularité que tu retrouves dans chaque colonne de ton tableau. Sers-toi de cette régularité pour compléter la rangée du prisme hexagonal.

3. Décris les relations que tu vois entre les colonnes de ton tableau.

4. Combien d'arêtes et de sommets y a-t-il dans un prisme octogonal?

G6-35: Les arêtes, les faces et les sommets

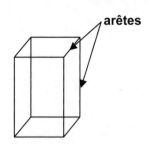

arêtes

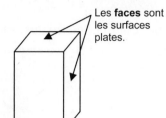

Les **faces** sont les surfaces plates.

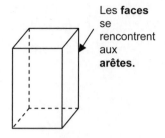

Les **faces** se rencontrent aux **arêtes**.

Candice construit le squelette d'un prisme rectangulaire avec du fil de fer.

Elle recouvre le squelette avec du papier.

Les lignes pointillées montent les arêtes <u>cachées</u>.

1. Dessine des lignes pointillées pour monter les arêtes cachées.

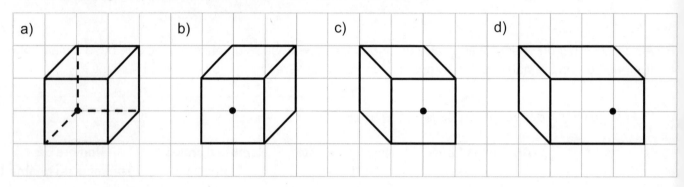

a)   b)   c)   d)

2. Noircis toutes les arêtes (la première est déjà faite pour toi).
   Compte les arêtes en les noircissant.

a)

_____ arêtes

b)

_____ arêtes

c)

_____ arêtes

d)

_____ arêtes

e)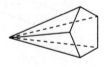

_____ arêtes

f)

_____ arêtes

g)

_____ arêtes

h)

_____ arêtes

3. Les sommets sont les points où se rencontrent les arêtes d'une forme.
   Mets un point sur chaque sommet. Compte les sommets.

a)

_____ sommets

b)

_____ sommets

c)

_____ sommets

d)

_____ sommets

4. Colorie…

la face de **devant** :

a) 　　b) 　　c) 　　d)

la face de **derrière** :

e) 　　f) 　　g) 　　h)

les faces de **côté** :

i) 　　j) 　　k) 　　l)

Les faces du **dessus** et du **dessous** :

m) 　　n) 　　o) 　　p)

la face de **derrière** :

q) 　　r) 　　s) 　　t)

la face du **dessous** :

u) 　　v) 　　w) 　　x)

5. Noircis les arêtes qui seraient cachées si le squelette était recouvert de papier et placé sur une table.

a) 　　b) 　　c) 　　d)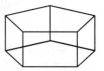

BONUS

6. Noircis les arêtes qui seraient cachées si le squelette était recouvert de papier et accrochées au-dessus de toi dans la position montrée ci-contre.

Géométrie 2

G6-36: Les prismes et les pyramides

Les formes solides dans les figures sont des **formes en 3-D**.

Les **faces** sont les surfaces plates de la forme, les **arêtes** sont l'endroit où se rencontrent deux faces et les **sommets** sont les points où 3 faces ou plus se rencontrent.

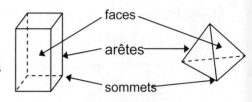

Les **pyramides** ont une **pointe** qui est opposé à la base. La base de la forme est un polygone; notamment, un triangle, un quadrilatère ou un carré (comme les pyramides en Égypte), un pentagone, etc.

Les **prismes** n'ont pas de pointe. Leur base est pareille aux deux bouts de la forme.

1. Compte les faces de chaque forme.

a)

____ faces

b)

____ faces

c)

____ faces

d)

____ faces

e)

____ faces

f)

____ faces

g)

____ faces

h)

____ faces

2. En te servant d'un ensemble de formes en 3-D et du tableau suivant, réponds aux questions.

A	B	C	D	E
Pyramide Carrée	**Pyramide triangulaire**	**Prisme rectangulaire**	**Cube**	**Prisme Triangulaire**

a) Décris chaque forme selon ses faces, sommets and arêtes. La première est déjà faite.

	A	B	C	D	E
Nombre de faces	5				
Nombre de sommets	5				
Nombre d'arêtes	8				

b) Y a-t-il une paire de formes qui ont le même nombre de faces, de sommets ou d'arêtes? Si oui, quelles formes partagent ces propriétés?

Melissa explore les différences entre les pyramides et les prismes. Elle découvre que ...

- Une **pyramide** a **une base**.
  (Il y a une exception – toute face est
  une base dans une pyramide triangulaire)

Exemple :
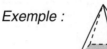

- Un **prisme** a **deux bases**.
  (Il y a une exception – toutes paires de faces
  opposées sont des bases prisme rectangulaire.)

Exemple :

NOTE IMPORTANTE :
La base ou les bases ne sont pas toujours au « dessous » ou au « dessus » de la forme.

ENSEIGNANT : L'activité accompagnant la feuille de travail aidera les élèves à identifier la base des figures en 3-D.

1. Colorie la base <u>et</u> encercle la pointe des pyramides suivantes.
   NOTE : La base n'est pas nécessairement au « dessous » ou au « dessus » de la forme (mais elle est *toujours* à l'opposé de la pointe).

a)

b)

c)

d)

e)

f)

g)

h)
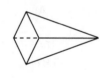

2. Colorie maintenant les bases de ces prismes.
   SOUVIENS-TOI : À moins que toutes les faces soient des rectangles, un <u>prisme</u> a <u>deux</u> <u>bases</u>.

a)

b)
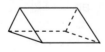

c)

d)
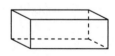

e)

f)

g)

h)

3. Kira a plusieurs prismes et pyramides. Encercle ceux et celles qui ont toutes des faces congruentes.

a)

b)

c)

d)

e)

f)

g)

h)

4. Colorie les bases des figures suivantes. Fais attention! Certaines ont deux bases (les prismes) et d'autres n'ont qu'une seule base (les pyramides).

a)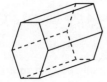

b)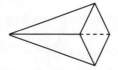

c)

d)

e)

f)

g)

h)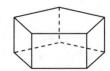

i)

j)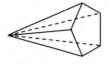

k)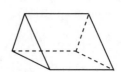

l)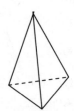

m)

n)

o)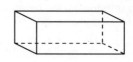

p)

5. « J'ai une base hexagonale. » Nomme deux formes en 3-D qui correspondent à cette description.

G6-38: Les propriétés des pyramides et des prismes

1. Encercle toutes les **pyramides**. Fais un « X » sur tous les **prismes**.

      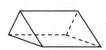

2. Relie chaque forme à son nom. La première est déjà faite pour toi.

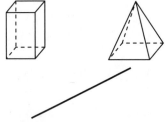

Pyramide carrée   cylindre   prisme triangulaire   cône   prisme rectangulaire   pyramide triangulaire

3. Utilise le tableau pour trouver les propriétés qui sont <u>pareilles</u> et <u>différentes.</u> Complète ensuite les phrases ci-dessous.

Propriété	Prisme triangulaire	Pyramide carrée	Pareilles?	Différentes?
Nombre de faces	5	5	✓	
Forme de la base				
Nombre de bases				
Nombre de faces qui ne sont <u>pas</u> des bases				
Nombre d'arêtes				
Nombre de sommets				

a) Un prisme triangulaire et une pyramide carrée sont <u>pareilles</u>. Comment : _____

_____

b) Un prisme triangulaire et une pyramide carrée sont <u>différents</u>. Comment? _____

_____

_____

Géométrie 2

4. a) Complète le tableau de propriétés suivant. Utilise des formes en 3-D pour t'aider.

Forme	Nom	Nombre...			Dessins des faces *Encercle la/les base(s) pour chacun*
		d'arêtes	de sommets	de faces	

b) Compte le nombre de côtés dans la base de chaque pyramide. Compare ce nombre avec le nombre de sommets dans chaque pyramide. Que remarques-tu?

c) Compte le nombre de côtés dans la base de chaque prisme. Compare ce nombre avec le nombre de sommets dans chaque prisme. Que remarques-tu?

5. Compare les formes ci-dessous. Pour a) et b), <u>nomme</u> les formes, puis écris un paragraphe qui explique comment elles sont <u>pareilles</u> et comment elles sont <u>différentes</u>.

a)

b)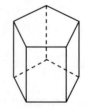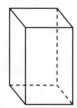

BONUS
6. Dessine des objets de tous les jours qui te font penser à (ou qui contiennent) des pyramides ou des prismes.

G6-39: Les développements et les faces

pyramide
triangulaire

pyramide
carrée

pyramide
pentagonale

prisme
triangulaire

cube

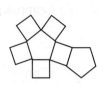
prisme
pentagonal

1.

Nom de la figure	Forme de la base	Nombre de faces	Nombre d'arêtes

2. Dessine la face qui manque dans chaque développement.

i)

ii)

iii)

a) Quelle est la forme des faces manquantes?

_____

b) Est-ce des développements de pyramides ou de prismes? Comment le sais-tu?

_____

_____

3. Dessine la face qui manque dans chaque développement.

i)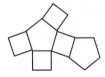

ii)

iii)

a) Quelle est la forme des faces manquantes?

_____

b) Est-ce des développements de pyramides ou de prismes? Comment le sais-tu?

_____

_____

Géométrie 2

4. Nomme les objets que tu peux faire en assemblant les formes.

a)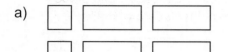

b)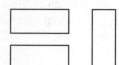

c)

_____ _____ _____

5.   A :    B :   C :

Colorie la base de chaque forme ci-dessus et complète ensuite le tableau ci-dessous.

	A	B	C
Nombre de côtés sur la base			
Nombre de faces triangulaires			

Quelle relation vois-tu entre le nombre de côtés sur la base et le nombre de faces triangulaires sur la pyramide?

6.   A :   B :   C :

Colorie la base de chaque forme et complète ensuite le tableau ci-dessous.

	A	B	C
Nombre de côtés sur la base			
Nombre de faces rectangulaires (pas la base)			

Quelle relation vois-tu entre le nombre de côtés sur la base et le nombre de faces triangulaires (pas la base) sur le prisme?

7. De combien de chaque type de faces as-tu besoin pour faire chaque forme suivante en 3-D?

a)

b)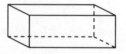

c)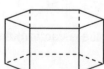

 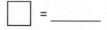  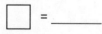 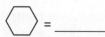

G6-40: Trier les formes en 3-D

1. Evelyn trie les figures suivantes en utilisant un diagramme de Venn. Elle choisit deux des propriétés qu'une figure peut avoir et elle fait ensuite un tableau (voir ci-dessous). Elle place ensuite les lettres dans le tableau et vérifie quelles figures partagent les deux propriétés.

A   B   C   D   E   F

a)

Propriété	Figures avec cette propriété
1. Une face triangulaire ou plus	
2. Six sommets ou plus	

b) Quelle(s) figure(s) partagent ces deux propriétés? _____

c) Complète le diagramme de Venn suivant.

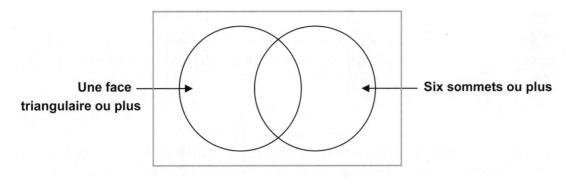

Une face triangulaire ou plus   Six sommets ou plus

2. Complète le tableau et le diagramme de Venn en utilisant les formes A à F de la question 1.

a)

Propriété	Figures avec cette propriété
1. Base rectangulaire	
2. Dix arêtes ou plus	

b) Quelle(s) figure(s) partagent ces deux propriétés? _____

c) Complète le diagramme de Venn suivant en utilisant le tableau ci-dessus.

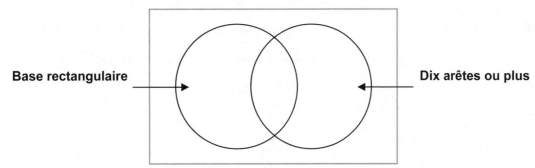

Base rectangulaire   Dix arêtes ou plus

3. Choisis une paire de propriétés et fais un diagramme Venn diagramme pour trier ces formes.

 jump math
MULTIPLYING POTENTIAL

Géométrie 2

G6-41: Créer des régularités avec des transformations

1. Fais tourner chaque figure autour du point P.

a)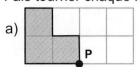

90° dans le sens
des aiguilles

b)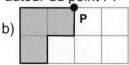

90° dans le sens
inverse des aiguilles

c)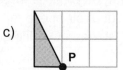

90° dans le sens
des aiguilles

d)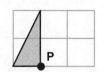

90° dans le sens
des aiguilles

e)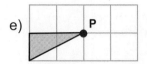

180° dans le sens
inverse des aiguilles

f)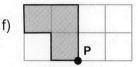

90° dans le sens
des aiguilles

g)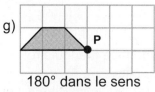

180° dans le sens
des aiguilles

h)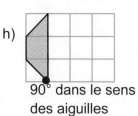

90° dans le sens
des aiguilles

2. Fais refléter chaque figure sur l'axe de réflexion.

a)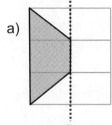

b)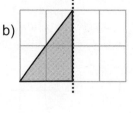

3. Fais glisser chaque figure de 1 unité à droite.

a)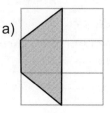

b)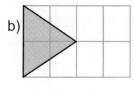

4. Continue chaque régularité. Décris ensuite les <u>deux</u> transformations que tu as utilisées pour créer la régularité. Dessine l'axe de réflexion ou le point de rotation s'il y a lieu.

a)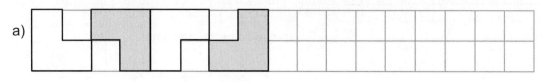

Description : _____

b)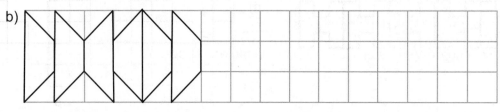

Description : _____

c)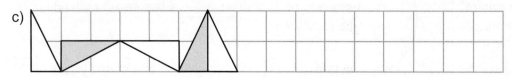

Description : _____

5. Trace et découpe les formes ci-dessous. Fais une régularité en …

a) Faisant répétitivement glisser la forme d'une unité à droite.

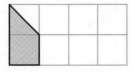

b) Faisant répétitivement refléter la forme sur les axes de symétrie.

c) Faisant répétitivement tourner la forme de 180° autour des points.

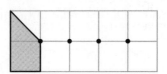

6. Chacune des régularités ci-dessous a été obtenue en faisant répéter une transformation ou une combinaison de transformations. Utilise les mots « translation », « rotation » ou « réflexion » pour décrire comment la forme s'est déplacée de la position …

(i) 1 à 2   (ii) 2 à 3   (iii) 3 à 4   (iv) 4 à 5

a)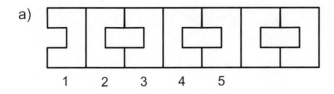

b)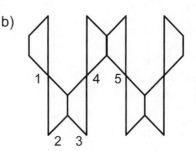

c)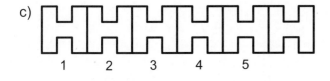

d)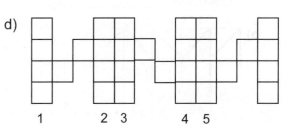

e) Choisis une des régularités ci-dessus que tu peux décrire de deux façons. Quelles deux transformations peuvent produire cette régularité?

7. Dessine une forme sur du papier quadrillé et fais ta propre régularité avec une combinaison de translations, de rotations et de réflexions. Explique les transformations que tu as utilisées dans ta régularité.

G6-42: Les dessins isoparamétriques

Suis les étapes suivantes afin de dessiner un **cube** sur du papier pointillé isoparamétrique :

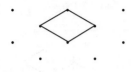

Étape 1 :
Dessine le haut du carré en traçant 4 lignes entre 4 sommets differents.

Étape 2 :
Fais 3 lignes verticales, vers le point en dessous, à partir de 3 des 4 sommets.

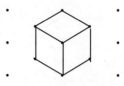

Étape 3 :
Relis les sommets.

---

1. Dessine, sur du papier pointillé isoparamétrique, les figures suivantes avec les cubes emboités. La première est déjà faite pour toi.

a)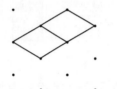

b)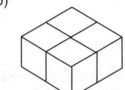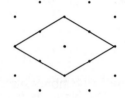

c)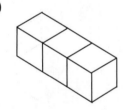

d)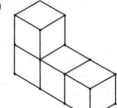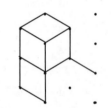

e)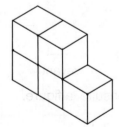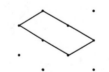

f)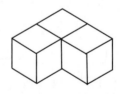

BONUS

2. Dessine les figures suivantes sur du papier pointillé isoparamétrique.

a)

b)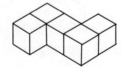

c)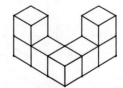

d)

e)

f)

jump math
MULTIPLYING POTENTIAL.

Géométrie 2

1. Construis avec des blocs ou des cubes.

a)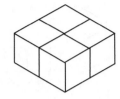

b)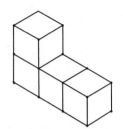

c)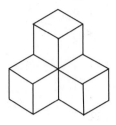

d)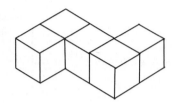

e)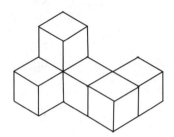

f)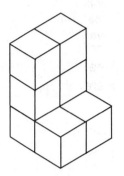

2. Insère les nombres dans le « plan isoparamétrique » et construis la figure. La première est déjà faite.

a)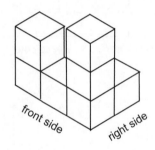

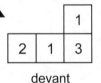

b)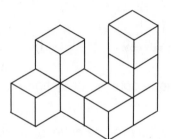

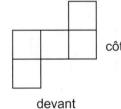

c)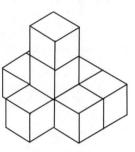

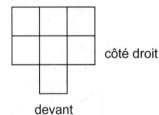

3. Dessine un « plan isoparamétrique » (comme à la question 2), et construis ensuite la figure.
   INDICE : Colorie les carrés qui font face au devant.

a)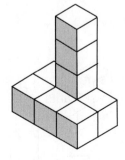

b)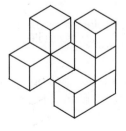

c)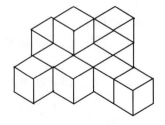

4. Construis 3 figures avec 12 cubes. Dessine un plan isoparamétrique pour chacun.

1. Dessine, comme dans l'exemple, les vues de devant, d'en haut et de côté de la structure donnée,

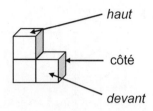

haut

côté

devant

vue de devant

vue de côté

vue d'en haut

Dessine la vue de devant, d'en haut et de côté pour les structures suivantes.
INDICE : Utilise des cubes pour t'aider.

a)

b)

c)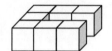

d)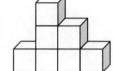

2. a) Construis une structure avec les vues suivantes.

(i)

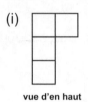

vue d'en haut

vue de devant

vue de côté

(ii)

vue d'en haut

vue de devant

vue de côté

b) Dessine un plan isoparamétrique pour les deux figures.

3. Quelle image peut être la vue du côté droit de cette structure? Encercle-la.

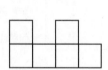

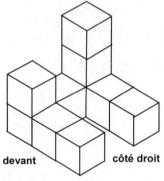

devant　　　**côté droit**

4. En utilisant des cubes de 1 centimètre, construis deux différentes formes qui ont un volume d'exactement 10 centimètres cubes. Dessine ensuite un plan isoparamétrique pour chaque forme.

5. Combien de différents prismes rectangulaires peux-tu construire avec 8 cubes?
Dessine un plan isoparamétrique pour chaque forme.

6. Utilise du papier quadrillé pour dessiner des projections orthogonales (vues de devant, d'en haut et de coté) pour les structures représentées par les plans isoparamétriques suivants.

a)

1		
1	1	3

b)

2	1
1	

c)

2	1
2	
2	

d)

1	1	3
1		
2		

1.

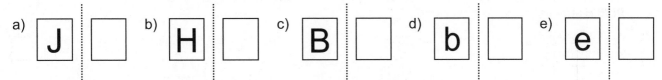

a) Ajoute un point afin que les quatre points forment les sommets d'un parallélogramme.

b) Écris les coordonnées des quatre sommets.

(___ , ___) (___ , ___) (___ , ___) (___ , ___)

2. Dessine la réflexion de chaque lettre comme si tu la regardait dans un miroir.

a) $\boxed{\text{J}}$ $\square$ b) $\boxed{\text{H}}$ $\square$ c) $\boxed{\text{B}}$ $\square$ d) $\boxed{\text{b}}$ $\square$ e) $\boxed{\text{e}}$ $\square$

Trouves 5 lettres de l'alphabet qui sont <u>pareilles</u> quand on regarde leur réflexion.

f) $\square$ $\square$ g) $\square$ $\square$ h) $\square$ $\square$ i) $\square$ $\square$ j) $\square$ $\square$

Trouves-en 5 qui sont <u>différentes</u>.

k) $\square$ $\square$ l) $\square$ $\square$ m) $\square$ $\square$ n) $\square$ $\square$ o) $\square$ $\square$

3. Fais le lien entre les noms et la description des figures.

_____ cône   **A.** J'ai 6 faces congruentes.

_____ prisme triangulaire   **B.** J'ai 5 faces : 2 triangles et 3 rectangles.

_____ cube   **C.** J'ai 4 faces. Chaque face est un triangle.

_____ cylindre   **D.** J'ai 2 bases circulaires et une face courbée.

_____ pyramide triangulaire   **E.** J'ai 1 base circulaire et une face courbée.

4. Fais la liste de toute forme en 3-D qui a une de ces propriétés :

a) « J'ai 5 faces. »   b) « J'ai 12 arêtes. »   c) « J'ai 6 sommets. »

5. Qu'y a-t-il de similaire entre un prisme triangulaire et une pyramide triangulaire? Qu'y a-t-il de différent?

6.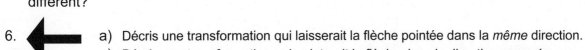

a) Décris une transformation qui laisserait la flèche pointée dans la *même* direction.

a) Décris une transformation qui pointerait la flèche dans la direction *opposée*.

c) Décris une transformation qui pointerait la flèche à un *angle droit* de la direction originale.

Géométrie 2

JUMP Math
Toronto, Canada
www.jumpmath.org

Writers: Dr. John Mighton, Dr. Sindi Sabourin, Dr. Anna Klebanov
Translator: Sylvain LaRochelle
Consultant: Jennifer Wyatt
Cover Design: Blakeley Words+Pictures
Special thanks to the design and layout team.
Cover Photograph: © iStockphoto.com/Grafissimo

This French edition of the JUMP Math Workbooks for Grade 6 has been produced in partnership with and with the financial support of the Vancouver Board of Education.

ISBN: 978-1-897120-97-2

First published in English in 2009 as JUMP Math Book 6.2 (978-1-897120-78-1).

Sixth printing May 2019

Printed and bound in Canada